*À equipe incrível, extraordinária e entusiasmadíssima
da Ruth Soukup Omnimedia —
este livro é resultado tanto do trabalho
de vocês quanto do meu.*

sumário

correntes invisíveis...11

PARTE 1: OS ARQUÉTIPOS DO MEDO

1. a procrastinadora......................................19
   quando o maior medo é cometer erros

2. a seguidora de regras................................27
   quando o maior medo é pisar fora da linha

3. a boazinha...36
   quando o maior medo é o que as pessoas vão pensar

4. a excluída..45
   quando o maior medo é a rejeição

5. a insegura..55
   quando o maior medo é não ser suficiente

6. a criadora de desculpas.............................64
   quando o maior medo é assumir responsabilidades

7. a pessimista...74
   quando o maior medo é a adversidade

os arquétipos do medo — um resumo.................84

PARTE 2: OS PRINCÍPIOS DA CORAGEM

8. ouse pensar grande 89
   porque as metas arrojadas são o segredo para se motivar e se manter motivada

9. regras são para otários 98
   porque você nunca deveria ter medo de pensar com a própria cabeça

10. assuma sempre 107
    porque você tem total controle das escolhas que faz

11. adote o feedback sincero 116
    porque todo mundo precisa da verdadeira responsabilização

12. não há erros, só lições 123
    porque toda queda leva a uma descoberta

13. o equilíbrio é superestimado 130
    porque, se tudo for importante, nada será

14. apenas siga em frente...................................139
    porque nada jamais ocupará o lugar da persistência

os princípios da coragem — um resumo 148

PARTE 3: A CORAGEM EM AÇÃO

15. reivindique o seu alvo e o reafirme 153
    se não mirar em nada, você acertará sempre

16. encontre o seu *porquê* 161
    o seu porquê tem que ser maior que o seu medo

17. crie o seu plano de ação................................169
    decomponha as grandes metas em pedaços factíveis

18. forme o seu clube da verdade 179
    cerque-se de pessoas que a tornarão melhor

19. pare de se comparar.....................................188
    crie a vida que ama, não a vida que os outros querem

20. corte as desculpas 195
    pare de criar atalhos e continue a avançar

21. mantenha-se incentivada 205
    reserve um tempo para comemorar as vitórias pelo caminho

a coragem em ação — um resumo 215

agradecimentos 217
notas 219

correntes invisíveis

O medo é uma coisa engraçada.

É um dos instintos humanos mais básicos, que deveria nos proteger de todos os perigos que podem nos prejudicar e nos fazer agir quando a ameaça se torna iminente. O medo é projetado para nos salvar, e o interessante é que a falta de medo em situações arriscadas pode ser um sintoma de doença mental. *É esperado* que fiquemos em pânico.

Ainda assim, o mesmo medo pode ser uma corrente invisível que nos aprisiona e nos mantém presos. Em vez de nos manter em segurança, ele nos paralisa e nos impede de avançar, de correr riscos e de nos expor, de ter coragem para seguir nossos sonhos e conquistar a vida que tanto queremos.

O próprio instinto projetado para nos proteger também nos impede de prosseguir.

Ah, e como! Pode acreditar, eu sei do que estou falando.

Veja, o medo tem sido uma parte ativa e muito real da minha vida desde que me entendo por gente. Tenho pavor de altura e de parecer idiota. Fico nervosa em multidões e tenho horror a conversa fiada. Vivo com medo de que ninguém goste de mim ou de que me achem chata, esquisita ou pouco merecedora do seu tempo. Odeio me expor ou ficar vulnerável. Tenho muito medo de falhar, de cometer erros e do que vão dizer de mim. E, não faz muito tempo, o simples ato de pensar em falar em público era o suficiente para me provocar um ataque de pânico.

Todo esse medo estava me atrapalhando, exatamente como acontece com muita gente.

Wendy sempre quis ter a própria padaria e café, mas isso parecia assustador demais. Na verdade, ela tem tanto pavor de falhar que recusou a oferta generosa de um investidor também generoso que lhe daria tanto o capital quanto o treinamento de que precisava para começar.

Kyra era uma bailarina talentosa que passou anos estudando balé, mas o seu medo intenso de rejeição a impediu de participar do processo seletivo de uma companhia de dança profissional, embora essa fosse a sua meta desde sempre. Anos depois, ela ainda sente que deixou de atingir todo o seu potencial.

Trina não quer mais ser advogada. Há anos ela quer deixar o escritório de advocacia do pai e abrir a própria empresa, mas tem pavor de decepcioná-lo. Ela se sente sobrecarregada pelo peso dessa responsabilidade e pela tristeza de não ser capaz de fazer o que deseja.

Nancy quer viajar. Sonha entrar no carro e percorrer todos os cinquenta estados americanos e o Canadá e depois se aventurar ainda mais longe. Mas parece arriscado demais para uma mulher solteira e sozinha de sessenta anos, e lá no fundo ela não sabe se tem tanta coragem.

Liv é cientista, ou seja, grande parte do seu trabalho consiste em escrever artigos, mas em geral ela teme mostrar os seus textos a qualquer um antes de aperfeiçoá-los. Ela está sempre com medo de parecer incompetente ou de que alguém a ache desqualificada. Liv sabe que isso não é racional, mas o medo está lá.

A mesma história se desenrola de um milhão de maneiras diferentes todos os dias.

Um grande sonho. Um medo ainda maior. Então, inevitavelmente, um imenso arrependimento.

Mas não é preciso ser assim.

Vários anos atrás, tomei sozinha uma decisão que mudou tudo.

Decidi não deixar mais que o medo me atrapalhasse.

Percebi que não havia problema em ter medo — que todo mundo tem medo às vezes —, mas que havia muito problema em deixar o medo me impedir de fazer todas as coisas que eu realmente queria. Percebi que precisava descobrir um jeito de tirar proveito do medo.

Assim, decidi que, a partir daquele momento, eu simplesmente *iria, com medo mesmo.*

Vai com medo se tornou o meu mantra, uma frasezinha que eu repetia para mim mesma toda vez que me sentia nervosa ou assustada, toda vez que saía da minha zona de conforto, corria um risco ou me sentia insegura. O que, sejamos francos, era praticamente o tempo todo.

Quando me tornei empreendedora, o mantra *Vai com Medo* se estabeleceu como o primeiro dos valores centrais da minha empresa e acabou se transformando em um grito de guerra para os membros das nossas comunidades, tanto da Living Well Spending Less® [Viva bem gastando menos, em tradução livre] quanto da Elite Blog Academy® [Academia dos blogs de elite, em tradução livre], a prova disso é que me inspirei para começar o podcast *Do It Scared with Ruth Soukup* [Vai com medo, por Ruth Soukup, em tradução livre] para ajudar os outros — e a mim mesma — a enfrentar os medos, superar os obstáculos e, o mais importante, conquistar a vida que sempre quisemos.

Você pode até dizer que fiquei um pouco obcecada.

E é aí que entra este livro.

OS ARQUÉTIPOS DO MEDO™

Nos últimos nove anos, enquanto eu me orientava entre os meus próprios medos e falava com muitos integrantes das nossas comunidades, comecei a reconhecer como é grande o impacto do medo na nossa vida, principalmente para as mulheres.

É arrasador ouvir tanta gente na nossa comunidade dizer que se vê sentada no banco de reservas da própria vida, com medo de ir com tudo, com pavor de cometer erros, de decepcionar os outros, de fracassar ou virar motivo de chacota. Essas pessoas veem as coisas que gostariam de fazer e não fazem simplesmente por ter medo demais.

No entanto, enquanto conversava com cada vez mais mulheres sobre esse assunto, também comecei a perceber que nem todos os medos são criados do mesmo jeito. Ah, não me entenda mal, todo mundo sente medo de alguma coisa. Todos temos medo, e o medo causa impacto sobre todos nós, mas as maneiras como o medo se manifesta na vida de cada um variam muito. Alguns temem o fracasso, outros temem a rejeição. Alguns sentem medo de serem responsabilizados, outros ficam paralisados com a ideia de pisar na bola, seja lá o que isso signifique.

Decidi que queria ir mais fundo, e, caramba, como fui! Entrevistei mais de 4 mil pessoas das minhas comunidades sobre o papel do medo na vida delas e depois contratei uma equipe de pesquisadores para me ajudar a analisar uma quantidade estonteante de dados. Eu estava interessada principalmente em descobrir mais sobre as maneiras pelas quais o medo nos impede de perseguir os nossos sonhos, atingir as nossas metas e buscar oportunidades.

A pesquisa perguntava sobre metas e satisfação na vida, além de experiências de medo e adversidade. Questionava sobre as vezes em que o medo impediu a pessoa de buscar uma meta ou um sonho e situações nas quais a pessoa passou por cima do medo para realizar alguma coisa. Várias perguntas eram abertas, e as histórias que ouvimos sobre essas experiências variavam das totalmente inspiradoras até as de partir o coração. Muitos desses relatos são apresentados no decorrer do livro, seja como citações das respostas às pesquisas ou como histórias ligeiramente modificadas e personas dos arquétipos.

O resultado da pesquisa foi incrivelmente esclarecedor em vários aspectos, mas uma descoberta se destacou entre as demais. Na verdade, no momento em que se encaixou, quase me tirou o fôlego. Mais ainda: deu sentido a muitas perguntas confusas e sem resposta. Esse momento *a-rá* foi a descoberta de sete padrões do medo — sete modos distintos pelos quais o medo atua na nossa vida, especificamente no modo como influencia a nossa disposição para sair da zona de conforto e correr atrás de um sonho ou oportunidade. Como gosto de dar nome às coisas (uma obsessão que a minha equipe confirmará sem hesitação), chamo esses sete padrões de "arquétipos do medo". São a Procrastinadora, a Seguidora de Regras, a Boazinha, a Excluída, a Insegura, a Criadora de Desculpas e a Pessimista.

É aí que fica *realmente* fascinante. Porque, sabe, embora cada um de nós reúna algumas características de todos os sete arquétipos, a maioria tem pelo menos um arquétipo dominante que nos afeta mais do que os outros e atua na nossa vida de maneira mais notável. Como o próprio medo, cada um dos sete arquétipos apresenta características negativas e positivas, que podem nos atrapalhar ou nos ajudar.

O fato de todos vivenciarem o medo de forma diferente significa que o caminho para *superar* o medo também será um pouco diferente para cada um. Portanto, saber o modo específico como o nosso medo atua — o arquétipo do medo — é essencial para saber exatamente como superar esse medo.

A AVALIAÇÃO VAI COM MEDO™

Entender o jeito único e específico como o medo impede que você avance é um primeiro passo fundamental para superá-lo. Mesmo assim, nem sempre é fácil identificar em nós mesmos essas características. Para ajudar nesse processo, a minha equipe e eu criamos uma avaliação do medo online que ajudará a identificar o seu arquétipo específico do medo. Ela está disponível em doitscared.com/assessment (em inglês). Leva cerca de quinze minutos para responder, e você terá uma ideia instantânea do seu arquétipo do medo dominante.

Embora a Avaliação Vai com Medo seja uma ferramenta útil para identificar os tipos específicos de medo que podem frear você, tenha em mente alguns pontos essenciais.

Não há arquétipos de medo "bons" ou "ruins". Como os arquétipos representam a maneira como o medo se manifesta na vida, todos os sete têm nomes que soam negativos, mas cada um tem características positivas e negativas.

O seu arquétipo de medo pode mudar, com base nas circunstâncias atuais e em determinadas épocas da vida, no entanto ele também é muito influenciado por fatores mais profundos, como experiências ou traumas de infância.

Quanto mais elevado o percentual de determinado arquétipo, maior a probabilidade de esse arquétipo afetar a sua vida. É bem possível que o seu nível nos sete arquétipos fique entre as faixas baixa e média, e nesse caso o medo não é um problema tão grande para você; do mesmo modo, pode ser que você tenha pontuação elevada em várias categorias.

COMO USAR ESTE LIVRO

Este livro pretende ser uma ferramenta prática — um manual — para ajudar você a enfrentar os medos, superar as adversidades e, o mais importante, conquistar a vida que sempre quis. Com inspiração, aplicação prática e direcionamento assertivo em partes iguais, ele desafiará você a repensar algumas crenças limitantes que só atrapalham e o motivará a fazer as mudanças necessárias para avançar.

A nossa jornada conjunta começa na Parte 1, com o entendimento a respeito das sete maneiras pelas quais o medo se manifesta na vida, tanto identificando e aprendendo mais sobre o seu próprio arquétipo de medo e o modo como o medo atrapalha quanto compreendendo de que forma o medo se manifesta para os outros ao redor. Aqui você identificará áreas específicas nas quais é necessário se concentrar para ter progresso mais depressa. Essa seção pode ser muito divertida, porque é bem provável que você identifique aspectos seus e das pessoas que conhece pelo menos em algumas personas dos nossos arquétipos. É só ter em mente que, seja qual for o seu arquétipo, sempre há pelo menos alguns passos a serem dados para avançar, e eles serão abordados aqui.

Na Parte 2, vamos explorar os Princípios da Coragem: sete crenças centrais que, depois de adotadas como suas, podem transformar radicalmente a sua mentalidade e lhe dar coragem para as mudanças que antes talvez você considerasse impossíveis.

Finalmente, na Parte 3, a Coragem em Ação, vamos identificar algumas ferramentas práticas para pôr essas mudanças para funcionar de vez.

Vai com medo foi pensado para ser uma leitura rápida e divertida, mas é bom digerir o livro lentamente e talvez até ler alguns capítulos mais de uma vez. Tenha um marca-texto, uma caneta e um caderno à mão, porque garanto que você vai querer fazer anotações. Além disso, para mergulhar fundo na superação do papel do medo na sua vida, não se esqueça de aproveitar os materiais extras disponíveis em *doitscared.com* (em inglês), criados para ajudar você a aplicar na sua vida todas as lições aqui aprendidas de modo prático e real. Da mesma forma, o podcast *Do It Scared with Ruth Soukup* (em inglês) é um jeito ótimo de reforçar as mensagens que ensinamos aqui e de obter inspiração e incentivo semanais.

Um brinde a enfrentar os medos, superar as adversidades e conquistar a vida que sempre quis.

Um brinde a **ir com medo**.

PARTE 1

os arquétipos do medo

Quando se trata de enfrentar os obstáculos que nos puxam para trás e nos impedem de buscar os nossos sonhos e as nossas metas, nem todos os medos são criados do mesmo jeito e nem sempre se manifestam da mesma forma. Os sete arquétipos do medo representam a maneira única como o medo pode aparecer na nossa vida.

O bom é que, depois de identificar o tipo de medo que influencia negativamente a vida, nos puxa para trás ou nos prende, podemos de fato tomar providências.

É claro que enfrentar os maiores medos que nos paralisam começa com a Avaliação Vai com Medo, que lhe dará uma ideia instantânea da sua psique. Portanto, aperte o cinto de segurança e descubra o seu arquétipo do medo em *doitscared.com/assessment* (em inglês).

capítulo um

a procrastinadora

quando o maior medo
é cometer erros

> O perfeccionismo é menos um desejo de excelência do que o medo do fracasso escondido na procrastinação.

Dan Miller, 48 Days to the Work You Love [48 dias para o trabalho que você ama, em tradução livre]

Alice sempre gostou de tudo certinho.

Ela é supermeticulosa com o modo de se vestir, de arrumar o cabelo e de decorar a casa. Para ela, é importante que esteja tudo *certo*, mesmo que nem sempre consiga explicar o que é "certo". Na verdade, às vezes ela passa horas ajeitando coisas minúsculas — trocando a blusa, o sapato ou os acessórios, ou mudando de lugar um vaso ou o porta-retratos da sala — só para que fiquem certas.

Priorizar que tudo esteja certo é um tema que surge muito para Alice. O fato é que a ideia de cometer um erro a deixa apavorada, às vezes a ponto de ter medo até de começar. Para compensar esse medo, em geral ela começa a trabalhar cedo nos projetos, para ter o máximo de tempo possível, porque sabe que provavelmente vai ficar ajeitando até o último minuto, querendo se assegurar de que tudo está como deveria ser.

Quando estudava, ela tentava adiantar os deveres de casa, eventualmente começando antes que a professora dissesse qual seria. Mesmo assim, nunca entregava a lição antes do último minuto, às vezes até virava noites só para conferir e reconferir tudo mais uma vez e ajeitar até ficar perfeito. Porém, quando realmente temia uma tarefa, ela a adiava quase indefinidamente.

Hoje Alice trabalha como designer numa start-up de café em rápido crescimento. Ela gosta do trabalho (e do café), mas também o acha muito estressante. A empresa cresce tão depressa que tudo muda o tempo todo, e parece que quase todos os projetos que pedem a Alice são para ontem, o que não dá a ela tempo para se antecipar. O chefe nem imagina que ela costuma passar metade da noite acordada aprimorando os projetos para que fiquem prontos a tempo. A falta de sono, a mudança constante e a pressão intensa que ela impõe a si mesma para garantir que tudo esteja sempre perfeito a estão deixando esgotada.

As mudanças deixam Alice muito desconfortável. Ela prefere seguir uma rotina e fazer o que conhece bem. As amigas e o marido às vezes brincam com ela por ser rígida, mas Alice prefere se ver como coerente. Só que essa necessidade de coerência às vezes atrapalha. Ela fica ansiosa ao concordar com qualquer coisa longe demais da sua zona de conforto, mesmo que parte dela queira se libertar. Recentemente, quando sua igreja lhe pediu que participasse de uma missão no Quênia, ela teve medo demais para se comprometer. "Parecia longe demais", disse, "e há muita coisa desconhecida!"

Como o emprego é muito estressante, Alice tem pensado bastante em se tornar designer autônoma. A ideia de trabalhar em casa e estabelecer o próprio horário é atraente, mas Alice também tem pavor de cometer erros ou de dar um passo em falso na hora de começar um negócio. Na verdade, ela tem tanto medo de fracassar que parece que nunca vai dar esse passo. Às vezes se sente paralisada.

Alice tem altas expectativas sobre si mesma e sobre todos que a cercam. Quando ela e o marido brigam, ele a acusa de ser perfeccionista. Ela não entende por que isso é tão ruim. O que há de errado em querer que tudo seja perfeito? Na cabeça dela, é melhor não fazer nada do que fazer e não dar certo.

Alice é uma Procrastinadora.

O ARQUÉTIPO DA PROCRASTINADORA™

Também chamado de Perfeccionista, o arquétipo da Procrastinadora tem mais dificuldade com o medo de cometer erros, em geral manifestado como medo de compromissos ou medo de começar. Como tem pavor de dar um passo errado, a Procrastinadora procura — e quase sempre encontra — o número desejado de razões perfeitamente legítimas para não começar ou nem tentar.

Ironicamente, por fora, a Procrastinadora exibe comportamentos que parecem o *contrário* da procrastinação, como planejar as coisas com muita antecedência ou tentar se antecipar. É importante perceber que, para a Procrastinadora, a procrastinação não ocorre necessariamente no sentido tradicional de simplesmente adiar tudo até o último minuto. Em vez disso, ela quer evitar qualquer erro e, portanto, tenta se dar o máximo de tempo possível para as tarefas.

De modo geral, na hora do vamos ver, a Procrastinadora tem medo de agir e normalmente fica paralisada pela indecisão, sobretudo quando ações decisivas têm de ser realizadas depressa. A Procrastinadora prefere passar um tempo desproporcional pesquisando, planejando ou se organizando. Embora esse alto nível de preparo possa ser vantajoso, também pode impedir o progresso quando a pesquisa, o planejamento e a organização se tornam um substituto da ação.

No fundo, as Procrastinadoras têm pavor de se atrapalhar ou de cometer um erro imenso, sobretudo se ele não puder ser revertido, e esse medo intenso impede que avancem na direção de suas metas e seus sonhos. É comum precisarem de influência externa ou de mais prazo para se obrigarem a agir; quando deixadas por conta própria, às vezes elas adiam tudo indefinidamente.

De acordo com a nossa pesquisa, a Procrastinadora é o arquétipo do medo mais comum: 41% das pessoas o exibem como arquétipo principal e 74% têm esse arquétipo entre os três mais importantes.

ATRIBUTOS POSITIVOS

O desejo de perfeição da Procrastinadora alimenta um impulso de realizações elevadas. Ela valoriza a excelência e exige de si mesma um padrão altíssimo, o que em geral resulta em trabalhos de ótima qualidade. A Procrastinadora é ótima em tarefas que exigem atenção fanática aos detalhes ou extrema diligência na preparação. Além disso, a meticulosidade da Procrastinadora na pesquisa e na preparação resulta em menos erros e num resultado melhor.

As Procrastinadoras preferem ordem e organização e tendem a ser boas na criação de sistemas. Em geral são concentradas, motivadas e diligentes e se guiam por um forte sentido de ética profissional. São orientadas para tarefas e resultados. A Procrastinadora quase sempre é atraída por ocupações que exigem atenção maior aos detalhes, como pesquisa científica, engenharia, escrita e revisão, arquitetura de interiores, design gráfico, ensino e administração, e nelas se destaca.

HÁBITOS E COMPORTAMENTOS

- Gosta de planejar desde cedo para ter o máximo de tempo possível.
- Em geral, planeja férias e projetos importantes com meses ou anos de antecedência.
- Tende a ser orientada para detalhes.
- Adia ou evita coisas em que não se sente competente.
- Sente-se naturalmente atraída por ordem e organização.
- Em geral, verifica várias vezes para ter certeza de que está tudo perfeito.
- Nunca acha que as coisas estão "prontas".
- Adora pesquisar e considera que sempre há mais a aprender sobre um tema.
- Pode ser extremamente autocrítica.
- Fica deprimida ou aborrecidíssima com os erros.
- É atenta aos cronogramas e tem aguda consciência dos prazos.

EM RESUMO
A Procrastinadora

- − É perfeccionista e gosta que as coisas estejam "certas".
- − Teme cometer erros e tem dificuldade para "puxar o gatilho".
- − Pode passar tempo demais pesquisando e planejando.
- + Em geral, produz trabalho de alta qualidade.
- + Tende a ser bem organizada.
- + Dá muita atenção aos detalhes.

A VOZ DA PROCRASTINADORA

Uma das partes mais potentes da pesquisa foram os comentários que as pessoas fizeram para descrever o medo. Cada arquétipo tem voz própria, um modo exclusivo de expressar como é o medo. Todas as declarações a seguir são citações de entrevistadas que receberam uma alta pontuação como Procrastinadoras.

- "Sinto tanta vergonha de não atingir a perfeição que isso me impede até de começar."
- "Estou sempre com medo de não ter todas as informações corretas de que preciso para avançar."
- "Detesto a sensação de estar pouco à vontade numa situação desconhecida. Fico nervosa com mudanças e sempre sinto medo do fracasso na hora de fazer coisas novas."
- "Só tenho medo de falhar. Não sei como lidaria se falhasse na minha 'grande meta', e é isso que me impede de começar. Não quero decepcionar o meu marido e o meu filho se falhar, e não quero que os outros só me vejam como um fracasso, sem perceber o que realizo todos os dias na minha atual situação de trabalho."
- "Tenho medo de falhar e, às vezes, de conseguir. Basicamente, acho que tenho medo de mudanças, e a minha mente me freia porque o que eu sei agora é 'seguro'."
- "Tenho medo de falhar. Também tenho medo de assumir caso venha a falhar. Acho muito desagradável entrar em situações novas."

COMO ESSE ARQUÉTIPO DO MEDO FREIA VOCÊ

Embora haja muito a admirar na atenção aos detalhes e no compromisso quase fanático da Procrastinadora com a excelência, o medo avassalador de cometer erros ou de se comprometer com uma linha de ação irreversível atrapalha a sua disposição para correr riscos, experimentar coisas novas e se dedicar a metas grandes e assustadoras.

Eis aqui alguns pontos em que ser uma Procrastinadora afeta você negativamente e a impede de prosseguir:

- Você se preocupa tanto em planejar com antecedência que deixa de aproveitar as oportunidades imediatas bem à sua frente.
- Você diz "não" com demasiada frequência.
- Você se sente paralisada pela ideia de cometer um erro — tanto que isso a impede de dar até mesmo o primeiro passo.
- Você nunca se sente pronta para começar, por isso não começa.
- Você passa tanto tempo pesquisando, planejando e organizando que acaba nunca começando.
- Você tem dificuldade em se comprometer com prazos.
- Você se esforça para satisfazer as suas expectativas elevadas e raramente se sente completamente satisfeita com o trabalho.
- Você tem dificuldade para terminar projetos importantes porque sente que sempre há mais correções e aperfeiçoamentos a fazer.
- Você tem dificuldade para se perdoar e se permitir tentar coisas novas e cometer erros.
- Você sente medo e ansiedade quando não tem tempo suficiente para pesquisar e planejar.

ESTRATÉGIAS PARA SUPERAR ESSE MEDO

Se você for uma Procrastinadora, eis algumas estratégias para superar o medo de errar.

Reformule

Se conseguir ver a vida como uma série de *lições* em vez de erros, isso lhe dará mais liberdade para experimentar, em vez de sempre se esforçar para obter a perfeição. Para a Procrastinadora, o medo de errar ou de dar um mau passo é tão paralisante que pode impedi-la completamente de agir. É claro que, sem agir, você nunca será capaz de realizar nenhuma daquelas grandes metas e sonhos que estão na sua cabeça, e por isso é tão importante aprender a reformular o modo como você vê os erros ou o modo como olha para todas as imperfeições e coisas que dão errado.

Aja

Uma mudança simples mas incrivelmente eficaz é começar a inserir mais prazos inadiáveis na agenda — prazos que tenham uma consequência se não forem cumpridos. Pode ser um multa imposta a si mesma, e você pode obter ajuda de fontes externas — por exemplo, pedindo ao cônjuge ou a um amigo de confiança, ou mesmo ao chefe, que marque a data e determine a penalidade. Tenha em mente que, quanto mais "reais" forem os prazos, mais provável será que você os cumpra.

Como Procrastinadora, a sua tendência natural será pôr o máximo de tempo possível entre você e o fim do prazo. Às vezes isso significa planejar com antecedência excessiva, às vezes esperar até o último minuto. Seja como for, significa, mais do que tudo, que você precisa da linha de chegada!

Faça questão de praticar a ação imperfeita; faça uma coisa todo dia só por fazer, não porque precise estar "certo". Por exemplo, treine entregar um trabalho como esboço, não como produto final, só para ver como é. No fim, a ação é o único antídoto verdadeiro contra o medo, ou seja, quanto mais você treinar a ação — mesmo pequenos passos na direção certa —, mais fácil será dar passos maiores e praticar ações mais drásticas.

Crie responsabilização

Um parceiro de responsabilização é alguém que apoia, incentiva e desafia você a manter um compromisso. (Falaremos mais sobre como trabalhar com um parceiro de responsabilização nos Capítulos 11 e 18.) Para a Procrastinadora, o principal é encontrar um parceiro de responsabilização que *não seja* outro Procrastinador. Só alguém com pontos fortes diferentes e um arquétipo do medo que não seja o seu pode oferecer o ponto de vista alternativo de que você precisa. Procure alguém que a incentive a agir e a continuar avançando, mesmo quando a situação não for perfeita, e que chamará a sua atenção quando você adiar as coisas ou tiver medo de se comprometer.

SUPERAR A PERFEIÇÃO

Alice sabe que provavelmente sempre será uma pessoa que gosta das coisas "certinhas", mas começou a dar passos assertivos para superar o medo de falhar e de cometer erros que a vinham puxando para trás.

A primeira coisa que fez foi colocar na mesa uma placa que diz: "Erros não existem, só lições". Ela não tem certeza se acredita mesmo nisso, mas gosta de ter o lembrete bem à vista. Nas últimas semanas, Alice notou que a ansiedade e o pânico que sempre sentia logo antes de entregar um novo projeto realmente diminuíram bastante.

Alice também passou a usar um timer para concluir determinadas tarefas, além de se dar prazos firmes para cada projeto grande. Isso a ajudou a interromper as revisões intermináveis, e ela está percebendo que, em consequência, o seu trabalho pode até ficar melhor. Parece que o chefe não notou nenhuma mudança de qualidade, mas Alice se sente muito menos estressada com todas as mudanças que vêm acontecendo.

Embora esteja começando a gostar bem mais do emprego, a liberdade recém-encontrada para cometer erros levou Alice a pensar mais seriamente em trabalhar por conta própria, como autônoma. Para obter incentivo e apoio, ela entrou num grupo de designers gráficos independentes no Facebook. Conseguiu fazer ótimos contatos e obter respostas para muitas perguntas sobre a vida de autônomo. Quando alguns colegas a incentivaram a perguntar ao chefe se ele a contrataria como fornecedora em meio período enquanto ela montasse um escritório, ela tomou a iniciativa e agiu. E, quem diria, ele concordou!

Alice não tinha percebido até que ponto a necessidade de perfeição influenciava a sua vida, mas agora entende que o medo de cometer erros a puxava para trás em muitas áreas. Mais ainda: ela ficou surpresa ao notar que se sente mais feliz e realizada agora que trabalha ativamente para superar esse medo — mesmo que às vezes isso signifique cometer erros.

vai com medo!

Precisa de mais dicas para lidar com a procrastinação e o perfeccionismo? Preste muita atenção às lições dos Capítulos 8, 12, 17 e 21.

capítulo dois

a seguidora de regras

quando o maior medo
é pisar fora da linha

> Aprenda as regras como um profissional para descumpri-las como um artista.
>
> *Atribuído a Pablo Picasso*

Tracy sempre fez tudo direitinho.

Quando criança, era responsável e confiável, aquela que nunca saía da linha nem questionava os professores. Ela se esforçava muito. Pintava dentro do contorno. Cumpria todas as regras ao pé da letra. E, desde bem pequena, sabia que queria ser policial.

Depois de quatro anos nas Forças Armadas, Tracy se tornou policial numa cidade a apenas trinta quilômetros de onde nasceu. Em geral, ela adorava o emprego. A lei era clara e sem ambiguidades, e Tracy gostava muito de saber exatamente o que se esperava dela. Ela investiu tempo, obedeceu às regras e progrediu na carreira, como seria de esperar.

No tempo livre, Tracy fazia trabalho voluntário na comunidade e era um membro ativo da sua igreja. Ela e o marido compraram alguns hectares perto da cidade e, depois que os três filhos nasceram, começaram a cultivar a própria horta como um projeto familiar. A horta logo se tornou uma obsessão para Tracy: ela adorava ver que, quanto mais esforço investia — e quanto mais cuidado tinha para fornecer a quantidade certa de água e adubo —, melhor era o resultado.

Ela adorava fazer picles e conservas, e em pouco tempo estava presenteando amigos e familiares com os seus molhos e picles apimentados. Eles sempre queriam mais.

Para Tracy, a vida era estável e previsível, exatamente como ela gostava.

Então, ela se machucou.

Infelizmente para Tracy, a lesão não aconteceu no trabalho, o que lhe garantiria aposentadoria precoce e pensão por invalidez. Na verdade, foi uma bobagem. Enquanto ajudava uma amiga a se mudar, ela escorregou num degrau e rompeu um ligamento e uma cartilagem do joelho.

Tracy saiu do trabalho de campo e passou a fazer serviço burocrático temporário, mas essa função acabou se tornando permanente, porque o joelho não sarou da forma correta. A nova função significava um rebaixamento, e um corte significativo no salário.

De repente a vida não parecia mais tão estável e previsível como antes.

Como ainda faltavam três anos de serviço para a aposentadoria, Tracy sabia que teria de dar um jeito de complementar a sua renda. Então, ela começou a vender os molhos e picles caseiros na feira local. Tracy era ótima na pesquisa de combinações interessantes de sabores e em incorporá-las aos produtos, que eram deliciosos e muito populares, e começou a formar um público local.

Com isso, alguns clientes mais leais passaram a incentivá-la a aumentar esse negócio nascente — criar uma marca para os produtos e talvez começar a vender pela internet. No entanto, embora queira ganhar mais, Tracy hesita em avançar. Sabe que há uma tonelada de regulamentos para vender comida e não sabe se conseguirá cumprir todos eles. Vender na feira é uma coisa — a legislação é bastante frouxa —, mas criar uma empresa de verdade e vender pela internet, talvez até com envio de produtos para outros estados, parece completamente fora de alcance. Onde ela encontraria uma lista de todas as exigências? E se deixasse de cumprir algum requisito? A ideia de violar uma regra importante ou se meter em encrencas a aterroriza. Toda vez que pensa nisso, Tracy fica paralisada.

Não tem jeito. Agora ela se sente presa.

Tracy é uma Seguidora de Regras.

O ARQUÉTIPO DA SEGUIDORA DE REGRAS™

Geralmente adeptas de fazer as coisas como "deveriam" ser feitas, as pessoas que ilustram o arquétipo da Seguidora de Regras têm mais dificuldade com um medo exagerado da autoridade, medo que costuma se manifestar como uma aversão irracional a desrespeitar regras ou a fazer algo que seja percebido como "não permitido". A simples possibilidade de se meter em encrencas — mesmo quando a possível "punição" é apenas imaginária — basta para impedir que a Seguidora de Regras aja ou avance.

As Seguidoras de Regras veem o mundo em preto e branco e tendem a se sentir ansiosas sempre que percebem a si ou aos outros saindo das normas do comportamento aceitável. Podem se preocupar em garantir que os outros tomem boas decisões, e às vezes são consideradas intrometidas.

No fundo, a Seguidora de Regras acredita que, se as coisas não forem feitas de acordo com as regras, será o caos. Sua mentalidade é a de que muitas coisas na vida são como são e não devem ser questionadas nem mudadas. A Seguidora de Regras se sente energizada quando prova que está certa ou quando fica claro que uma decisão que tomou era correta.

É comum as Seguidoras de Regras renunciarem à própria avaliação para seguir as regras, porque o medo irracional de sair da linha supera tudo. Esse medo também pode impedir que as Seguidoras de Regras ajam na direção de suas metas ou seus sonhos. Em geral, elas têm medo de confiar no próprio instinto ou de agir de maneira que não pareça clara e direta.

As Seguidoras de Regras tendem a ser conformistas e também podem ser um tanto rígidas. Gostam de saber que há um jeito "certo" de fazer as coisas e se sentem confortáveis quando seguem as normas estabelecidas. Não ficam à vontade com a ideia de pensar fora da caixa ou de forjar o próprio caminho; às vezes condenam os que não andam na linha como elas.

A Seguidora de Regras é o segundo arquétipo do medo mais comum: 14% das pessoas o exibem como arquétipo principal e 64% têm esse arquétipo entre os três mais importantes.

ATRIBUTOS POSITIVOS

A Seguidora de Regras é responsável, confiável e uma amiga e funcionária muito leal. Tende a ser extremamente diligente, meticulosa e estável, além de solícita e atenciosa, e pode-se contar com ela para cuidar dos outros.

Ela tem uma noção clara de certo e errado, um discernimento excelente e um rígido código moral. É comum ver essa noção de dever e de obrigação para com os outros e a comunidade em geral em um compromisso com o trabalho voluntário ou o serviço público.

A Seguidora de Regras também tende a ser meticulosa nos detalhes e é ótima para concluir tarefas, sempre tomando o cuidado de fazer tudo direitinho. Ela dedica tempo a ler as letras miúdas e a garantir que tomou as devidas providências. Por gostar de saber que há um jeito certo e um jeito errado de fazer as coisas, com frequência as Seguidoras de Regras são naturalmente atraídas por carreiras com regras muito claras e um caminho objetivo e bem estabelecido a seguir, como na Polícia, na Engenharia, na Matemática, na Programação de Computadores, no Serviço Público, no Direito e na Medicina.

EM RESUMO
A Seguidora de Regras

– Em geral, tem um medo exagerado de autoridades.
– Quebrar as regras ou fazer algo que não "deveria" ser feito a deixa nervosa.
– Pode aderir às regras ou seguir os demais e deixar em segundo plano a própria avaliação.
+ Tende a ser extremamente confiável e responsável.
+ É leal, solícita e atenciosa.
+ Tem uma forte noção de dever e de certo e errado.

HÁBITOS E COMPORTAMENTOS

- Prefere que as coisas sejam feitas do jeito "certo", na ordem "correta".
- Gosta de saber que há um plano ou protocolo estabelecido a seguir.
- Fica atenta aos outros para garantir que tomem boas decisões.
- Tende a ver o mundo em preto e branco.
- Reluta em pisar fora da linha, pois teme se meter "em encrencas".
- Geralmente é uma criatura de hábitos; gosta de ordem e rotina.
- Trabalha muito para manter a estabilidade e a previsibilidade da vida.
- Gosta de estar certa.
- Evita o caos e a incerteza.

A VOZ DA SEGUIDORA DE REGRAS

No nosso estudo sobre o medo, eis algumas crenças e pensamentos expressos por entrevistadas que receberam alta pontuação como Seguidoras de Regras.

- "Fico muito preocupada com o desconhecido e o território não mapeado, onde talvez eu não tenha um sistema de apoio que me mostre o caminho."
- "Gosto quando alguém me diz exatamente o que fazer ou me dá um plano para seguir. E eu sigo o plano ao pé da letra, desde que saiba que funciona!"
- "Fico aborrecida quando os outros não seguem as regras ou não fazem as coisas do jeito certo."
- "Sempre tenho de garantir que sei tudo o que preciso saber e que estou de acordo com todos os regulamentos relativos ao que faço."
- "Passei toda a minha vida adulta buscando permissão. Vivo com medo de que o que eu quero fazer não seja permitido."
- "Eu me esforço para saber exatamente o que fazer e para fazer do jeito 'certo', sem erros."
- "Na verdade, não gosto da ideia de entender errado."
- "Tenho muito medo de não tomar a decisão 'certa'. Em geral, penso que, se decidir ficar com uma opção, o que vou perder por não escolher a outra?"

COMO ESSE ARQUÉTIPO DO MEDO FREIA VOCÊ

Embora a Seguidora de Regras tenha muitas qualidades positivas e admiráveis, o medo irracional de desrespeitar as regras, de fazer algo do jeito errado ou de potencialmente se meter em encrencas pode ser um obstáculo imenso na hora de tentar coisas novas ou de estabelecer e atingir grandes metas. Na verdade, muitas vezes a Seguidora de Regras descarta uma opção antes mesmo de lhe dar uma chance só porque parece que fazer do jeito "certo" vai ser impossível.

Eis aqui alguns pontos em que ser uma Seguidora de Regras afeta você negativamente e a impede de prosseguir:

- Embora às vezes sonhe fazer algo novo, em geral você evita correr riscos, como trocar de carreira, abrir uma empresa, se mudar para outra cidade ou voltar a estudar.
- Você pode ser suscetível à pressão dos outros ou seguir uma ideia popular apenas porque todo mundo faz assim e não necessariamente porque seja bom para você.
- Você pode ter dificuldade para se perdoar e se permitir tentar coisas novas e cometer erros.
- Você pode ter dificuldade para manter um relacionamento positivo com não conformistas ou com pessoas que demonstraram má capacidade de avaliação em alguma área da vida. Sua tendência a ver as coisas em preto e branco pode deixá-la rígida e implacável.
- O medo nada saudável da autoridade pode levar você a ceder às exigências de alguém em posição de poder, em vez de defender a sua posição ou de avaliar a situação por conta própria.
- Você pode sentir ansiedade e medo quando não tem um caminho ou plano de ação específicos.
- Você pode deixar que as crenças estabelecidas sobre gênero, raça, religião, posição social ou nível de instrução ditem sua crença sobre o que você é capaz de fazer.

ESTRATÉGIAS PARA SUPERAR ESSE MEDO

Eis algumas estratégias para ajudá-la a superar o medo de fazer algo que não é permitido.

Reformule

Nem sempre é fácil escrever as próprias regras, sobretudo se você se sente muito à vontade seguindo as regras dos *outros*. Mesmo assim, investir tempo em criar e adotar um conjunto próprio de princípios — os valores centrais básicos que você quer seguir na vida — ajuda a aliviar a pressão constante que sente para aderir às normas dos outros. Os seus princípios não precisam ser elaborados nem completamente originais, mas devem parecer verdadeiros para você e se encaixar no seu repositório pessoal de crenças centrais. Eles lhe darão o próprio conjunto de diretrizes a seguir — uma coleção de orientações que deveriam se sobrepor às "regras" que você ouve dos outros e de fontes externas.

Aborde esse conjunto de princípios de forma proativa e reativa. Primeiro, escreva proativamente um rascunho dos seus princípios para se lembrar de como prefere levar a vida. Depois, pegue uma situação específica que o desafie e identifique a regra clara ou tácita que se sente obrigada seguir. Em terceiro lugar, reescreva a regra de modo a afirmar os seus próprios princípios e regras. Por exemplo, em muitas organizações uma "regra" tácita (e inatingível!) é: "Dê tudo de si, ou não terá sucesso e se sentirá culpado". Reescreva essa regra assim: "Vou dar X — e nada mais. E não vou permitir que ninguém me leve a me sentir culpada por dar X. Posso ser um sucesso de acordo com as minhas próprias condições".

Aja

Liste as regras que você tem medo de descumprir e ataque-as uma por uma. Para uma Seguidora de Regras, a ânsia de obedecer ao modo com as coisas deveriam ser pode ser avassaladora. Quando investir tempo para escrever essas regras, você perceberá que não são "regras" de verdade ou que as regras podem ser facilmente analisadas e seguidas. Nem todas são ruins, mas o medo de descumpri-las não deveria paralisar você. Reescreva a narrativa na sua mente e talvez você descubra que as regras que tem tanto medo de quebrar nem são tão importantes quanto você pensa.

Enquanto faz isso, treine "descumprir as regras" e pisar fora da zona de conforto de um modo que não pareça excessivamente arriscado. Pode ser algo como chamar a atenção de alguém que foi grosseiro, rearrumar os móveis de maneira nova e criativa ou talvez até pular as instruções, se você nunca fez isso, só para forçar os seus limites. Comece com coisas pequenas e você se espantará ao ver como as grandes ficam mais fáceis! Como Seguidora de Regras, a sua zona de conforto tende a ser muito bem definida. Portanto, se você deseja ficar mais à vontade ao fazer coisas difíceis, correr riscos e ousar agir diante do medo, será útil começar com pequenos passos..

Crie responsabilização

Como Seguidora de Regras, você precisará encontrar um parceiro de responsabilização que *não seja* um Seguidor de Regras. Em vez disso, procure alguém com pontos fortes diferentes, visão de mundo diferente ou um arquétipo do medo diferente do seu e que possa lhe oferecer um ponto de vista alternativo sobre as regras que você se sente obrigada a seguir. Tente encontrar alguém que a incentive a usar a sua própria avaliação e o seu pensamento crítico em vez de se ater ao modo como as coisas "deveriam ser" — alguém que chame a sua atenção quando você vir uma situação apenas em preto e branco.

SUPERAR O MEDO DE DESCUMPRIR AS REGRAS

Certa manhã de sábado na feira, Jane, uma das melhores clientes de Tracy, comentou de novo que gostaria que Tracy expandisse o negócio e começasse a vender pela internet.

— Tracy, os seus sabores são incríveis! O mundo precisa do seu molho!

Como sempre, Tracy sorriu, suspirou e disse, melancólica:

— Só não sei como passar por todas aquelas regras e regulamentos. Tenho tanto medo de fazer alguma coisa errada que não sei nem como começar.

Dessa vez a resposta de Jane a surpreendeu.

— Ué, então por que você não faz um curso ou pede ajuda com os regulamentos? Tenho certeza de que deve haver algum tipo de palestra ou treinamento para esse tipo de coisa. Você deveria dar uma olhada!

Tracy ficou chocada. Por que nunca tinha pensado nisso?

No minuto em que chegou da feira, começou a pesquisar e descobriu que haveria uma conferência sobre comércio eletrônico no mês seguinte, numa cidade a apenas três horas de distância. Imediatamente Tracy se inscreveu e cruzou os dedos, torcendo para ter feito a coisa certa.

No fim das contas, foi a melhor decisão que Tracy já tomou.

Na conferência, ela se inscreveu na categoria de vendedores de alimentos e assistiu a uma aula de orientação sobre as regras e regulamentos de segurança. Obteve respostas para todas as principais perguntas que tinha e saiu de lá com um plano de ação claro para avançar. Mas não foi só isso. Ela também fez ótimos contatos com outros varejistas que já vendiam na internet havia algum tempo e aprendeu muito sobre outros aspectos do comércio eletrônico que a intimidavam — coisas como criar um site e administrar vendas e marketing. Enquanto estava lá, Tracy se inscreveu num grupo de treinamento online que oferecia apoio e formação.

Equipada com um conjunto de "instruções", Tracy teve coragem de avançar com seu sonho. Seguiu ao pé da letra todos os passos do plano estabelecido para ela e, em poucos meses, montou um site e começou a vender pela internet.

Pela primeira vez até onde se lembra, Tracy está empolgada com o desconhecido em vez de ter medo dele. Enfrentar os medos de frente lhe deu mais confiança, e ela está ansiosa para ver o que o futuro lhe reserva.

---

vai com medo!   Precisa de mais dicas para superar o medo da autoridade e pisar fora da linha? Leia os Capítulos 9, 12 e 19.

capítulo três

a boazinha

quando o maior medo
é o que as pessoas vão pensar

> Provavelmente você não se preocuparia com o que os outros pensam se soubesse como é raro que pensem em você.
>
> *Olin Miller*

Todo mundo adora Mandy.

Ela é tão... *legal*. Solícita, gentil, generosa e sempre disposta a ajudar. Na verdade, é raro ela dizer não, porque odeia desapontar ou desiludir as pessoas..

Infelizmente, essa é uma característica que às vezes facilita que outras pessoas se aproveitem dela. No trabalho, na igreja e até na associação de pais e mestres, todos sabem que Mandy é a melhor pessoa a quem pedir ajuda ou favores, porque ela sempre faz o possível e o impossível para atender ao chamado. Às vezes as amigas se perguntam como Mandy encontra tempo para dormir.

Mandy trabalha como gerente do escritório de uma grande construtora, e o chefe a adora. E por que não adoraria? Ela é a funcionária-modelo, que chega cedo e sai tarde, sempre se esforçando para fazer o melhor serviço possível, às vezes até cobrindo as falhas dos colegas que não ficaram à altura.

Mandy odeia conflito e tensão, e passa muito tempo tentando acalmar a situação para garantir que ninguém se zangue nem se aborreça. O chefe brinca com ela e a chama de Poliana, porque ela sempre tenta ver o lado bom das coisas.

E é assim desde a infância. Ela cresceu numa família relativamente feliz. Eram quase a família perfeita: mamãe e papai com um casal de filhos, morando numa casa confortável de dois andares no subúrbio. Mas aí o irmão mais velho de Mandy começou a se rebelar quando entrou no ensino fundamental II, e no ensino médio parecia estar sempre com problemas. As brigas em casa eram épicas, e Mandy passava quase o tempo todo tentando ser a filha perfeita e impedindo que a tensão transbordasse.

Mandy se preocupa muito com a aparência e as roupas porque vive com medo do que os outros vão pensar. Gosta de seguir a moda, mas não de ficar muito na vanguarda. Também se orgulha muito de decorar e cuidar do lar; não quer que ninguém jamais pense que ela não é uma boa dona de casa!

A vida social de Mandy sempre foi agitada e com muitos amigos. Ela é divertida e ilumina genuinamente a sala com o seu sorriso. Na maior parte do tempo, Mandy e o marido se dão muito bem, em particular porque Mandy detesta discutir e em geral faz o que ele quer, em vez de brigar pelo que prefere.

De vez em quando Mandy sonha abrir um negócio próprio — ela adoraria ter um café no centro da cidade —, mas não faz ideia de como arranjaria tempo. Além disso, acha que não suportaria pensar no que os outros diriam, sobretudo se o negócio falisse. Ela ficaria arrasada.

Às vezes Mandy acha sua vida cansativa. Passa tanto tempo tentando deixar todos felizes que não sobra muito espaço para se concentrar nos próprios sonhos e desejos. Sendo bem sincera, ela nem tem certeza de que sabe o que quer.

Mandy é a Boazinha.

O ARQUÉTIPO DA BOAZINHA™

Atraída naturalmente pela busca da aprovação dos outros, o arquétipo da Boazinha tem mais dificuldade com o medo de ser julgada, que também se manifesta como medo de decepcionar os outros e medo do que os outros vão dizer. Em essência, a maior preocupação da Boazinha pode ser resumida como medo de como os outros podem reagir.

Por ter tanto medo de ser julgada — ou, pior, ser ridicularizada ou alvo de chacota — e por ter profunda consciência e medo de como os outros reagiriam ou do que diriam, às vezes a Boazinha hesita em avançar e se sente incapacitada pela indecisão e impedida de agir. Acima de tudo, não gosta da ideia de se passar por idiota.

Mesmo que não se considerem extrovertidas, normalmente as Boazinhas são populares, e todos gostam delas. Por serem hiperconscientes de como são percebidas, tendem a escolher as palavras com cuidado ou às vezes até escondem os verdadeiros sentimentos sobre um tema se acharem que vão contra o consenso geral.

Dito isso, a Boazinha pode ser gregária, engraçada e envolvente — a alma da festa —, o que é um modo de conquistar a aprovação dos outros e de ser amada. Ela também pode dedicar muito esforço à aparência, além de se preocupar com símbolos de *status*, como um bom carro, uma casa bem arrumada e roupas de marca.

A Boazinha às vezes adota o hábito de ser "a mulher que diz sim" — aquela que sempre concorda e até muda o próprio ponto de vista para se entender bem com os outros. Ela gosta de estar de acordo com todos e reluta em fazer qualquer coisa que cause raiva, decepção ou mágoa.

As Boazinhas podem ser interessadas demais no que os outros pensam, o que as deixa suscetíveis à pressão dos seus pares. Elas têm um desejo profundo de se encaixar e fazer parte da multidão.

Embora não pareça necessariamente submissa, a Boazinha tem dificuldade para dizer não, estabelecer limites e determinar fronteiras saudáveis, porque o medo de desiludir é muito grande. Os outros tendem a vê-la como "benevolente" ou como atenciosa, gentil e generosa com o seu tempo e a sua energia.

Embora possam ser boas, essas características também podem levar as Boazinhas a assumir compromissos demais ou a permitir que as prioridades e solicitações dos outros superem as suas metas e os seus sonhos. Isso pode resultar em amargura e ressentimento profundos, que às vezes sobem à superfície de maneira inesperada.

A Boazinha é o terceiro arquétipo do medo mais comum, com 21% das pessoas exibindo-o como arquétipo principal e 63% tendo esse arquétipo entre os três mais importantes.

ATRIBUTOS POSITIVOS

Em geral, as Boazinhas são as pessoas mais legais, prestativas e generosas que existem. São carinhosas e solícitas e fazem o possível para ajudar. Tendem a ser populares, muito amadas e quase sempre engraçadas, amistosas e envolventes.

Isso faz das Boazinhas pessoas maravilhosas para ter como amigas. São grandes aliadas e funcionárias fantásticas, confiáveis, profissionais e que falam bem. As Boazinhas se encaixam em quase todas as carreiras, mas são ótimas em papéis de apoio ou em profissões que lhes permitam trabalhar com pessoas. As ocupações comuns são Administração, Enfermagem, Ensino, Assistência social, Atendimento ao cliente e Varejo.

HÁBITOS E COMPORTAMENTOS

- Preocupa-se demais em não parecer idiota, burra ou boba.
- Nunca quer decepcionar ninguém.
- Passa um tempo desproporcional se preocupando com o que os outros pensam ou falam.
- Tende a ser popular e muito querida.
- Pode ser preocupada demais com a aparência e os símbolos de *status*; gosta de "se vestir para impressionar".
- Não gosta de ir contra a opinião da maioria ou o consenso geral; esconde ou muda as opiniões pessoais para se encaixar.
- Teme perder amizades ou ser julgada; evita tudo o que ponha as amizades em risco.
- Diz "sim" com demasiada frequência e, como resultado, pode ter um excesso de compromissos.
- Em geral, é considerada engraçada, afetuosa, generosa e gentil.
- Tem um desejo profundo de se encaixar e de fazer parte da multidão.

EM RESUMO
A Boazinha

- Tira o amor-próprio da aprovação dos outros.
- Tem dificuldade para dizer não e estabelecer limites.
- Hesita em agir e teme o que os outros vão pensar.
+ Tipicamente, é muito querida e divertida.
+ É solícita, atenciosa e generosa.
+ É uma funcionária responsável e ótima no trabalho em equipe.

A VOZ DA BOAZINHA

Eis algumas crenças e pensamentos expressos por entrevistadas do nosso estudo do medo que receberam alta pontuação como Boazinhas.

- "Tenho medo do fracasso e de ser ridicularizada ou motivo de chacota. Tenho medo de perder os meus amigos."
- "Sei que não deveria, mas tenho medo do que os outros pensam de mim e do que faço. Tenho medo de que não aprovem."
- "Tenho medo de parecer burra, de acharem que jogo dinheiro fora, de desapontar as pessoas que amo ou de irritá-las de algum modo."
- "Tenho pavor de ficar sobrecarregada e desapontar os outros. Adoro aprender coisas novas, mas, quando alguém depende disso, fico nervosa. Já desapontei pessoas por falta de tempo, falta de coragem ou falta de força de vontade, e isso me deixa atenta aos meus limites. Por essa razão, é comum eu mirar mais baixo ou rejeitar oportunidades."
- "Fico sempre nervosa com o que os outros vão dizer e como vão reagir."
- "Eu me matriculei em alguns workshops para falar sobre saúde e me concentrar no amor-próprio e na superação da alimentação emocional, mas cancelei as palestras — todas elas. Deixei que o medo de ser vista e julgada como não qualificada me impedisse."

- "Tenho pavor de ser desmascarada na frente dos outros ou de parecer uma fraude. Tenho medo de me destacar entre os meus pares e, ao mesmo tempo, de ser pior do que aqueles que se tornaram 'profissas'."
- "Temo cometer erros e decepcionar os outros. Não quero passar vergonha."

COMO ESSE ARQUÉTIPO DO MEDO FREIA VOCÊ

Como Boazinha, você corre o risco de permitir que os pensamentos, as opiniões e as necessidades dos outros a impeçam de seguir os seus sonhos, as suas paixões e as suas metas.

Eis aqui alguns pontos em que ser uma Boazinha afeta você negativamente e a impede de prosseguir:

- Você evita agir ou buscar uma meta porque teme e se preocupa com o que os outros vão pensar ou dizer.
- Pode ser suscetível à pressão dos pares ou a adotar uma ideia ou ponto de vista popular simplesmente porque é o que todo mundo está fazendo e você quer se encaixar.
- Você pode ter dificuldade em dizer não a pedidos, o que a deixa com excesso de compromissos e com pouco tempo para correr atrás dos seus sonhos e das suas metas.
- Você tem tendência a permitir que os outros se aproveitem da sua bondade e generosidade ou "pisem em você".
- O medo irracional de decepcionar pode levá-la a ceder às exigências dos outros em vez de defender a sua posição ou de usar a sua própria capacidade de avaliação.
- Você pode sentir ansiedade e medo quando acha que está sendo julgada ou tem potencial de ser julgado.
- Você se preocupa mais em fazer os outros gostarem de você e em obter a aprovação deles do que em correr atrás das suas metas e dos seus sonhos.

ESTRATÉGIAS PARA SUPERAR ESSE MEDO

Eis algumas estratégias a usar para superar o medo de ser julgada ou de decepcionar.

Reformule

Boa parte do medo de ser julgada ou decepcionar vem do roteiro que se desenrola dentro da sua cabeça — um roteiro que diz que os outros não vão amá-la nem aceitá-la se você não se comportar do jeito que acha que eles querem. Se quiser se libertar desse medo, é preciso modificar essa voz dentro da sua cabeça. Crie algumas afirmativas novas que possa repetir para si mesma diariamente e que mudem a mensagem transmitida.

Se lá no fundo você acredita que os outros vão julgá-la ou não vão gostar de você por dizer não, então talvez a sua nova afirmativa seja "tudo bem ter uma opinião própria da qual os outros discordem. Discordar não significa que não gostam de mim". Da mesma forma, se o medo é de que os outros se decepcionem com você, tente dizer a si mesma algo como "as pessoas importantes para mim não se desapontam quando estabeleço limites". Às vezes é só uma questão de fazer pequenas mudanças no roteiro que já se desenrola.

Aja

Para a Boazinha, a coisa mais importante a treinar é dizer a palavra *não*! Afinal de contas, se você se recusar a dizer não, logo chegará a um ponto em que será incapaz de dar 100% a qualquer um ou a qualquer coisa. Pior ainda, começará a se ressentir das tarefas que assumiu, assim como do resto das coisas na vida que você realmente *deveria* e *poderia* estar fazendo se tivesse dito não. O excesso de compromissos é uma espiral descendente, e o melhor modo de evitá-la é dizendo não. É claro que para a Boazinha é mais fácil dizer do que fazer! Mas, como tudo na vida, quanto mais se treina, melhor se fica. Portanto, faça o que for preciso para se tornar proficiente — seja pedindo tempo para pensar, delegando a tarefa a outra pessoa ou pedindo que alguém diga não em seu nome. Mas diga não. Várias e várias e várias vezes.

Ao mesmo tempo, permita-se treinar o autocuidado e crie tempo para os próprios sonhos, metas e prioridades. Reserve na agenda um horário que seja só seu. Talvez seja preciso começar aos poucos, e pode levar algum tempo para os outros se ajustarem, mas saiba que, quando cuida das próprias necessidades, você se torna melhor para os outros também.

Como Boazinha, provavelmente você tem posto as necessidades dos outros à frente das suas há bastante tempo, e negligenciar o autocuidado pode lhe deixar esgotada. Mas, como no caso das máscaras de oxigênio do avião, em que o protocolo é pôr a própria máscara antes de ajudar os outros, é importante cuidar de si mesma para poder apoiar os demais.

Crie responsabilização

Uma das melhores coisas a fazer para superar qualquer tipo de medo é encontrar um professor ou mentor que incorpore as qualidades e habilidades que você espera desenvolver e permitir que ele ou ela a oriente. Se puder, encontre alguém com um arquétipo do medo diferente — talvez um Excluído — para equilibrar a sua tendência a agradar.

O melhor dos mundos será encontrar alguém disposto a forçar você a sair da zona de conforto, alguém que também a ajude a treinar o "não" e a cuidar de si. A princípio pode ser desconfortável, mas no fim, ainda mais com a ajuda de alguém que admire e em quem confie, você chegará lá.

SUPERAR A NECESSIDADE DE AGRADAR

Mandy estava praticamente à beira de um ataque de nervos, mas tinha medo de deixar alguém saber, por medo de decepcionar. Ela sabia que algo teria de ceder. Enquanto tentava cumprir todos os compromissos, ficava exausta de trabalhar tanto e não dormir o suficiente.

Então, uma gripe fortíssima a derrubou. Incapaz de sair da cama, ela escutou um podcast sobre autocuidado e dizer não e finalmente reconheceu que estava na hora de fazer algumas mudanças.

Mandy começou tendo uma conversa franca com o marido, que ficou contente em ouvir que ela começaria reservando tempo para si mesma. Ele lhe disse que a amaria de qualquer jeito, mesmo que ela nem sempre concordasse com o que ele queria fazer.

Para Mandy, isso foi imenso.

Então, ela começou a dizer não — abrindo mão com elegância de alguns compromissos aos quais havia dito sim. Ficou assombrada quando todo mundo com quem falou entendeu, e ninguém se zangou. Ela percebeu que a pressão que se impunha talvez só existisse na sua cabeça.

No trabalho, Mandy parou de tentar consertar todos os conflitos e começou a incentivar os membros da equipe a resolver as coisas entre si. Também começou a ter mais cuidado e a estabelecer limites quando se tratava do seu cronograma.

Para Mandy, a maior mudança foi a de mentalidade e o fato de se permitir priorizar as próprias necessidades. Ela ainda não reuniu coragem para abrir o café, mas a cada dia está chegando mais perto.

---

vai com medo!   Precisa de mais dicas para superar o medo de ser julgada e de decepcionar e a tendência a pôr as necessidades dos outros acima das suas? Leia os Capítulos 8, 13 e 19!

---

capítulo quatro

a excluída

quando o maior medo é a rejeição

> Sou boa em ir embora. | *Jeanette Winterson,*
> A rejeição ensina a rejeitar. | Weight [Peso]

Vivian não é exatamente o tipo de pessoa que alguém descreveria como "medrosa".

Na verdade, na maior parte do tempo ela parece ser justamente o contrário: sem medo nenhum, uma pessoa que escreve as próprias regras e vive segundo os próprios termos. É extrovertida, confiante e ousada. Marcha no ritmo do próprio tambor e parece não ligar para o que os outros pensam. Está sempre aberta a aventuras, adora viajar e não consegue ficar num lugar só.

Vivian trabalha no setor tecnológico como fornecedora independente — um serviço que lhe dá muita liberdade e independência e lhe permite se reorganizar bastante para realizar projetos de curto prazo. É assim que ela gosta, porque, toda vez que tentou trabalhar para alguém durante mais de um ano, não deu certo.

As empresas para quem presta serviços sempre se impressionam com a sua capacidade de chegar e fazer o trabalho, mesmo que às vezes ela irrite alguém pelo caminho. Vivian não tem medo de dizer o que pensa ou de declarar ideias controvertidas que os outros não diriam em voz alta, mas às vezes o seu estilo direto de comunicação cria problemas.

A verdade é que Vivian tende a ser bastante cética em relação à maioria e, quando pressionada, admite que pode ter problemas de confiança. Além disso, embora possa ser muito divertida, só há um punhado de gente na vida que ela considera parte do seu círculo íntimo — pessoas em quem confia o suficiente para considerá-las amigos para valer.

Mesmo assim, ela sempre se magoa quando sente que a excluíram ou a deixaram de fora — quando os colegas saem para beber depois do trabalho ou fazem planos para o fim de semana e ela não é convidada. Ela finge que não liga, mas liga, sim.

Quando criança, Vivian era a irmã do meio e sempre se sentiu a rebelde da família. As duas irmãs eram atléticas e populares, adoradas por todos, incluindo os pais, ao passo que Vivian sempre sentia que não fazia parte daquilo. Estava mais interessada em coisas "cabeça", como diziam as irmãs — clube de teatro, computadores e artes plásticas —, atividades que o restante da família parecia não entender nem apreciar.

Embora soubesse em algum nível que a família se preocupava com ela, Vivian nunca se sentiu plenamente amada ou aceita. Parecia que todos estavam ocupados demais indo a jogos de futebol, vôlei e basquete para se incomodar com exposições de arte ou competições de robótica. Vivian sempre tentou agir como se não ligasse, mas, lá no fundo, doía bastante.

No ensino médio, ela começou a abraçar a fama de rebelde. Concluiu que, se as pessoas iam considerá-la a rebelde da família, ela poderia viver de acordo com essa reputação. Forçou vários limites e questionou muitas regras, e sempre parecia estar metida em encrencas por uma coisa ou outra.

Depois do ensino médio, Vivian resolveu passar um ano viajando antes de ir para a faculdade, e mesmo agora, tantos anos depois, sabe que foi uma das melhores decisões que já tomou: pela primeira vez na vida não viveu à sombra das irmãs.

Hoje, Vivian se dá bem com as irmãs, agora que são mais velhas e cada uma tem a própria família. Com um emprego respeitável e uma renda impressionante, Vivian não é mais considerada a criadora de problemas, mas grande parte dela ainda sente que nunca se encaixa muito bem, e ela tende a manter as irmãs a certa distância.

Vivian é uma Excluída.

O ARQUÉTIPO DA EXCLUÍDA™

Suprassumo do individualista inflexível, o arquétipo da Excluída tem mais dificuldade com o medo da rejeição ou o medo de confiar nos outros — medo que, em geral, se manifesta rejeitando as outras pessoas antes que ela tenha a oportunidade de ser rejeitada.

Ironicamente, para quem olha de fora, a Excluída parece destemida, uma pessoa que não se importa com o que os outros pensam e que não tem medo de abrir o próprio caminho, dizer o que pensa, pensar fora da caixa e fazer tudo de um jeito diferente.

No entanto, por dentro, as Excluídas costumam abrigar a crença central de que não se pode contar com os outros nem confiar neles e tendem a ver o menor deslize ou desdém como confirmação dessa crença, que, por sua vez, as leva a rejeitar os demais com ainda mais frequência. Mesmo em situações que não são pessoais e em que não estão *de fato* sendo rejeitadas, as Excluídas pressupõem o pior.

Como se consideram indignas de amor e aceitação, em geral as Excluídas são desesperadas para "provar alguma coisa" para o mundo, seja com realizações nobres, com o sucesso financeiro, status social ou um comportamento extremado.

A Excluída tende a não ser conformista e a rejeitar regras e limitações para fazer o que acha melhor. Evita as convenções e prefere descobrir as coisas por conta própria. Mais uma vez, por fora isso faz a Excluída parecer destemida, mas essa atitude de "não me importo" é, na verdade, um jeito de rejeitar os outros antes de ser rejeitada.

Quando levada ao extremo, a persona Excluída pode às vezes resultar em um comportamento autodestrutivo ou criminoso. Uma vez que tende a ver o mundo como se conspirasse contra ela, a Excluída sente pouquíssima obrigação de "pisar dentro da linha". Em consequência, também pode ser egoísta e narcisista e ver a vida segundo seu próprio ponto de vista, e às vezes é um esforço demonstrar empatia.

As Excluídas têm dificuldade para trabalhar em equipe, pedir ajuda ou apoio aos outros e colaborar em projetos em grupo. Às vezes lhes falta tato, e querem fazer tudo do seu jeito, sem interferência dos demais. Preferem trabalhar de forma independente.

Elas tendem a ter crenças e opiniões fortes e em geral não têm medo de revelar essas opiniões; ao contrário, às vezes usam declarações polarizadoras ou controvertidas como meio de afastar os outros ou de rejeitá-los antes que sejam rejeitadas.

A Excluída é o quarto arquétipo do medo mais comum: 15% das pessoas o exibem como arquétipo principal e 38% têm esse arquétipo entre os três mais importantes.

ATRIBUTOS POSITIVOS

As Excluídas tendem a ser decididas, automotivadas e determinadas a ter sucesso (mesmo que seja só para se provar), ou seja, normalmente são muito bem-sucedidas. A sua persistência as mantém insistindo mesmo depois que muitos teriam desistido, e elas também se dispõem a correr mais riscos do que a maioria.

Embora nem sempre trabalhe bem em equipe, a Excluída pode ser uma líder surpreendentemente boa, quando não é atrapalhada por problemas de confiança ou declarações polarizadoras. Em geral, quem exibe esse arquétipo não tem medo de cometer erros e é bom em aproveitar oportunidades, além de assumir a propriedade e a responsabilidade.

Sendo individualista, a Excluída tende a ser uma boa pensadora crítica e é capaz de formar opiniões complexas. Também tende a se sentir atraída por carreiras que permitam obter realização e reconhecimento individuais e pensar fora da caixa. Prefere liderar a seguir e gosta de fazer tudo absolutamente por conta própria, o que costuma levá-la a carreiras no empreendedorismo, nos negócios, na atuação e direção teatrais, na literatura, nas artes plásticas ou a trabalhar como autônomas.

EM RESUMO

A Excluída

- Teme a rejeição; geralmente rejeita os outros para não ser rejeitada primeiro.
- Parece destemida e indiferente ao que os outros pensam.
- Às vezes tem dificuldade com o trabalho em equipe; pode se autodestruir.
+ É automotivada e voltada para o sucesso.
+ Pode ser uma líder muito eficaz.
+ É persistente e disposta a correr riscos; o fracasso não a desanima com facilidade.

HÁBITOS E COMPORTAMENTOS

- Tende a acreditar que as pessoas sempre vão decepcioná-la.
- Em geral, tem medo de deixar os outros se aproximarem demais.
- Costuma ter poucos relacionamentos muito íntimos.
- Prefere "ir fundo" nas conversas em vez de trocar amabilidades.
- Geralmente não tem medo de dizer o que pensa ou de revelar aos outros o que acha; por isso, às vezes é considerada grosseira ou convencida.
- Muitas vezes sente que não se encaixa no grupo ou não pertence a ele.
- Pode ser sensível a qualquer percepção de rejeição, real ou não, e é comum ficar excessivamente ofendida porque alguém cancelou planos ou não a incluiu.
- Às vezes lhe falta tato ou empatia.
- Pode ser egoísta e narcisista; quer as coisas do seu jeito.
- Às vezes tem dificuldade com a colaboração e o trabalho em equipe.
- Não tem medo de correr riscos, de tentar coisas novas nem de pensar fora da caixa.
- Não gosta de seguir a multidão.

A VOZ DA EXCLUÍDA

Eis algumas crenças e pensamentos expressos por entrevistadas que receberam alta pontuação como Excluídas.

- "Tenho medo de não ser suficientemente boa para a minha empresa ter sucesso e de que ninguém compre as minhas fotos."
- "Detestei trabalhar para os outros; foi por isso que abri o meu próprio negócio."
- "Fui a um lugar diferente para conhecer gente nova. No começo eu estava bem, mas aí fiquei muito inquieta e ansiosa, com medo de que as pessoas não gostassem de mim. Fui embora da festa. Depois fiquei irritada comigo mesma, porque planejei ir, combinei de ir e fui, mas o medo de não gostarem de mim me dominou."
- "Não quero me expor por aí só para baterem a porta na minha cara."
- "Sinto que nunca vou ser aceita ou reconhecida pelo que realizei."
- "Tenho pavor de ficar íntima de alguém. Posso fazer novos amigos, mas, por causa do meu passado, sou tímida demais para enfrentar o medo e dar um salto de fé para confiar nas outras pessoas."
- "Aprendi que não posso confiar em ninguém e que, se quiser que algo seja feito, eu mesma terei de fazer."
- "Sinto que, no fim das contas, as pessoas nos deixam na mão se contarmos demais com elas."
- "Meu marido morreu no ano passado, e recentemente eu quis tentar um namoro pela internet, mas aí me acovardei. Só tenho quarenta anos e não quero ficar sozinha para sempre, mas tenho pavor de me expor por medo de rejeição. Fico decepcionada comigo mesma, mas não o suficiente para tomar alguma providência, porque consigo racionalizar."
- "Não preciso ser parte da multidão. Gosto de fazer as minhas coisas."

COMO ESSE ARQUÉTIPO DO MEDO FREIA VOCÊ

Embora as Excluídas geralmente pareçam destemidas — dizem o que pensam, experimentam coisas novas, preferem ser independentes e ousam correr riscos —, o medo da rejeição com frequência as puxa para trás de um jeito nem sempre fácil de ver.

Eis aqui alguns pontos em que ser uma Excluída afeta você negativamente e a impede de prosseguir::

- Você pode alimentar a crença central de que não se pode confiar em ninguém, o que a faz relutar em se abrir ou se mostrar vulnerável. Isso pode impedir que você promova relacionamentos profundos e significativos e até que cultive contatos comerciais úteis.
- Você pode ser extremamente sensível a qualquer percepção de rejeição, mesmo que não esteja realmente sendo rejeitada.
- Você pode se ver tão motivada a se provar com realizações que o sucesso vem à custa dos outros e dos relacionamentos.
- Muitas vezes é difícil trabalhar e colaborar com os outros.
- Você pode correr riscos ou tomar decisões perigosas, potencialmente insalubres ou ilegais.
- Você pode rejeitar as pessoas que tentam ajudá-la.
- Você pode ter medo e ansiedade quando acha que está sendo deixada de fora.
- Às vezes lhe falta filtro ou empatia. Isso, por sua vez, pode ser percebido de forma negativa pelos outros, o que só aumenta sua sensação de ser rejeitada.
- Você pode ser teimosa e egoísta, e com muita frequência quer que tudo seja exatamente do seu jeito.
- Você é introvertida ou antissocial, e simplesmente não gosta da companhia da maioria das pessoas.

ESTRATÉGIAS PARA SUPERAR ESSE MEDO

Se você é Excluída, eis algumas estratégias para superar o medo de rejeição.

Reformule

Como na maioria dos outros arquétipos, grande parte do medo vem de um roteiro que se desenrola dentro da sua cabeça — nesse caso, as crenças de que não se pode confiar nos outros e de que é melhor rejeitar antes de ser rejeitada.

Se quiser superar esse medo, é preciso reformular a mensagem, criar um novo roteiro, desenvolver afirmativas diferentes para repetir a si mesma todos os dias e mudar a mensagem que está sendo transmitida.

Por exemplo, se lá no fundo você acredita que não pode confiar em ninguém, diga a si mesma coisas como "só porque me magoaram no passado não significa que ninguém seja digno de confiança. Há muita gente na minha vida em quem posso confiar". Do mesmo modo, se o medo é o de que as pessoas a rejeitem ou decepcionem, talvez você possa reescrever esse roteiro: "Só porque alguém me diz não ou discorda da minha ideia não significa que esteja me rejeitando como pessoa".

Aja

Além de reescrever o roteiro que atualmente se desenrola na sua mente, também é preciso dar alguns passos para treinar a confiança e a colaboração com os outros em situações da vida real. Isso a ajudará a confirmar e a validar essas novas crenças.

Comece a procurar maneiras de se expor um pouquinho mais, sobretudo em situações das quais normalmente você fugiria. Talvez possa pedir ajuda em momentos que via de regra você faria tudo por conta própria ou entrar num grupo quando seu instinto natural é ir sozinha. Se os seus problemas de confiança forem profundos, considere buscar um orientador para explorar o que pode estar no centro do seu medo.

O mais importante: faça um esforço para baixar a guarda da "rejeição" e não suponha que está sendo rejeitada toda vez que alguém disser não. Na maioria das vezes a pessoa não está rejeitando você!

Crie responsabilização

Na condição de Excluída, você tem dificuldade para se mostrar vulnerável. Portanto, é importante trabalhar ativamente para se abrir, mesmo que apenas com um ou dois parceiros de responsabilização de confiança. O mais provável é que no começo isso pareça antinatural. Mesmo assim, buscar a responsabilização e o feedback sincero é fundamental para superar o medo. O seu parceiro de responsabilização a levará a perceber as vezes em que a sua Excluída interna ergue as defesas e será capaz de ajudá-la a superar o medo de ser rejeitada.

Além disso, talvez seja bom se abrir com algum tipo de mentor e permitir que ele ou ela a conduza. Como Excluída, é possível que você ache isso muito difícil, já que não está acostumada a buscar a ajuda dos outros, mas será uma forma de sair da zona de conforto da maneira necessária. No começo não parecerá natural ter um mentor, mas depois de um tempo, ainda mais com a ajuda de alguém que admira e em quem confia, você sentirá o benefício de trabalhar com outra pessoa de maneira colaborativa.

SUPERAR A REJEIÇÃO

A primeira pista de que a crença de Vivian sobre o modo como a família a via era um pouco distorcida veio no seu aniversário de 37 anos. As irmãs e os pais vieram comemorar e, depois de alguns copos de vinho, Vivian fez uma piada sobre os pais, que amavam mais as irmãs porque ela nunca tinha se encaixado.

A resposta da mãe a espantou.

— Vivi, nós sempre a amamos e admiramos sua independência — disse ela. — Queríamos dar apoio, mas parecia que você vivia nos rejeitando. Precisei entrar escondido no seu quarto para procurar o cronograma das suas peças e depois me enfiar nos fundos da plateia para que você não me visse, porque tive medo de que você não me quisesse lá.

E as irmãs confirmaram.

— É, Vi, você sempre foi muito mais legal do que todas nós. Mas a gente achava que você nos odiava.

De repente, tudo em que Vivian tinha acreditado sobre si mesma e a família durante todos aqueles anos apareceu sob nova luz, e ela percebeu que estava na hora de mudar de paradigma.

Vivian pediu conselhos a uma das amigas mais íntimas e começou a ver que esse padrão de rechaçar as pessoas existia desde sempre e era alimentado pelo medo de rejeição.

Ela decidiu tomar providências para resolver o problema, começando pela família. Passou a marcar "noites das irmãs" regularmente, em que as três saíam para jantar, conversar e se reconectar. Vivian mal acreditou ao ver como se divertiam juntas — e ela havia perdido isso durante todos aqueles anos em que se mantivera afastada.

Também começou a se esforçar um pouco mais para se conectar com os colegas de trabalho e até tomou coragem para perguntar se podia ir com eles a um happy hour. Espantou-se ao saber que eles achavam que ela os odiava, por isso nunca a tinham convidado. Com os novos contatos, ela soube de oportunidades profissionais que talvez tivesse deixado passar.

Aos poucos, Vivian começou a perder a crença de que não se pode confiar em ninguém e se permitiu ser mais vulnerável e conectada com outras pessoas. Ela ainda fica magoada de vez em quando, mas no geral se sente mais feliz e aceita do que nunca.

---

vai com medo!   Precisa de mais dicas para superar o medo da rejeição e resistir à tendência a afastar os outros? Leia os Capítulos 11, 18 e 21!

---

capítulo cinco

a insegura

quando o maior medo
é não ser suficiente

> A partir do momento em que duvida que consegue, você nunca mais consegue voar.
>
> *J. M. Barrie*, Peter Pan

Sandra sempre quis saber como seria se sentir confiante.

Às vezes, ela olha para as três irmãs, que parecem ter toda a confiança do mundo, e deseja ter só uma gotinha do que elas receberam. Elas têm carreiras gratificantes, parecem viajar o tempo todo e levam uma vida plena, enquanto Sandra se sente o tempo todo no banco de reservas.

É difícil não ficar um pouquinho ressentida.

Nem sempre foi assim, pelo menos não completamente. No ensino médio, Sandra era atleta, a estrela do time de vôlei. Comandou o time em vários campeonatos estaduais e ganhou prêmios de melhor jogadora.

Mesmo assim, lá no fundo ela nunca se sentiu boa o suficiente. Morria de medo que, em algum momento, todos começassem a notar que ela não era tão boa quanto pensavam. De fato, a verdadeira razão para treinar tanto, quase sem parar, era o fato de sempre temer não estar à altura das expectativas de todos.

Ofereceram a ela uma bolsa integral para jogar vôlei numa universidade da primeira divisão, mas ela recusou e optou por uma faculdade comunitária, onde decidiu não jogar. Ela não aguentava mais a pressão.

No entanto, tantos anos depois, ela ainda se pergunta: *E se...?*

Depois da faculdade, Sandra arranjou emprego como secretária executiva do diretor de vendas de uma nova empresa local. Embora a princípio fosse desafiador e ela tivesse passado o primeiro ano com pavor de estragar tudo e ser demitida, ela acabou adorando. Sempre sabia exatamente o que fazer e como lidar com qualquer situação, e era *muito* divertido.

Mas, por fim, ela se casou e pouco depois engravidou. Por insistência do marido, Sandra largou o emprego que amava para se tornar dona de casa. Agora os três filhos estão mais crescidos e independentes, e, embora os ame mais do que tudo, uma parte dela sempre se sentiu um pouco amarga por ter largado a carreira.

Sandra ama o marido, mas às vezes implica com o jeito como ele se veste e se penteia, e costuma comentar que ele trabalha demais e ganhou alguns quilinhos nos últimos anos. Ele acha que ela o critica demais, e, quando brigam, é o que ele lhe diz.

Sandra sabe que precisa parar com as críticas, mas às vezes não consegue se segurar. É como se fervesse por dentro, mas ela sabe que isso tem mais a ver com a infelicidade consigo mesma do que com os outros. A realidade é que o marido de Sandra não foi o único que ganhou uns quilinhos. Ela sabe que também engordou, mas não consegue controlar o que come.

Sandra não tem muitas amigas íntimas, e em geral fica triste ao ver outras mulheres que têm. Mesmo assim, não consegue se forçar a se abrir dessa maneira. Não faz muito tempo, o marido fez amizade com um colega de trabalho, e Darcy, a mulher dele, tentou fazer amizade com Sandra também. Os quatro jantaram juntos certa vez, mas, depois disso, Sandra inventava desculpas sempre que Darcy entrava em contato.

A verdade é que Sandra se sentiu completamente intimidada por Darcy. Ela era bonita, estava em ótima forma física, trabalhava como personal trainer autônoma, cozinhava como uma chef e parecia fazer amigos aonde quer que fosse. Era tudo o que Sandra queria ser e não era.

Assim, em vez de se abrir com Darcy, Sandra passou a criticá-la cada vez mais, fazendo comentários sarcásticos com o marido sobre o modo como ela se vestia, o seu estilo como mãe e tudo em que conseguia pensar. Quando Darcy e o marido decidiram se mudar, os dois casais se encontraram uma última vez num restaurante, onde Sandra finalmente baixou a guarda e teve uma verdadeira conversa de coração aberto com Darcy. Só então Sandra percebeu que a sua insegurança a levara a perder uma amizade que poderia ter sido maravilhosa.

Sandra é Insegura.

O ARQUÉTIPO DA INSEGURA™

Geralmente perseguida por um sentimento profundo e às vezes oculto de dúvida quanto a si mesma, a Insegura enfrenta sobretudo o medo de não ser capaz, que com frequência se manifesta como medo de não ser boa o bastante — e "boa" pode significar inteligente, talentosa, educada, bonita, forte, eloquente, legal ou qualquer outra coisa.

Como as Inseguras costumam se preocupar em ser qualificadas ou capazes, podem ficar tão paralisadas pela incerteza e pela dúvida que se tornam incapazes ou indispostas a agir.

A Insegura ouve o tempo todo uma vozinha na cabeça que sussurra coisas como "você não consegue", "você não é capaz" ou "o que faz você pensar que consegue fazer uma coisa dessas?" Essa voz leva a Insegura a questionar o tempo todo o seu valor e a se rebaixar.

O interessante é que às vezes as Inseguras tendem a esconder ou compensar essa insegurança sendo hipercríticas e julgando os outros. Projetam sobre aqueles que as cercam o próprio sentimento de não serem merecedoras, principalmente sobre as pessoas mais íntimas, que talvez estejam assumindo riscos, buscando metas e sonhos ou se expondo de alguma maneira. Em consequência, às vezes as Inseguras parecem irônicas ou sarcásticas.

As Inseguras também podem ter um sentimento intenso de inveja de quem faz o que elas gostariam de fazer se não tivessem tanto medo de não serem capazes. Mais uma vez, essa inveja pode se manifestar sob a forma de sarcasmo, fofoca ou críticas.

Essa propensão à inveja e à crítica, que em última análise vem de se sentir não merecedora, acaba tendo um efeito negativo sobre os relacionamentos. Ironicamente, as pessoas próximas da Insegura podem sentir que nunca estão à altura da expectativa dela, o que as afasta. Isso, por sua vez, reforça a crença da Insegura de que não é boa o bastante.

Trata-se de um ciclo vicioso.

Por abrigar uma dúvida profunda sobre si mesma, muitas vezes a Insegura é faminta de elogios e incentivo, às vezes de forma insaciável. Tem fome de validação e precisa ouvir com frequência palavras de afirmação para construir o seu sentimento de amor-próprio.

A Insegura é o quarto arquétipo do medo mais comum: 3% das pessoas o exibem como arquétipo principal e 24% têm esse arquétipo entre os três mais importantes.

ATRIBUTOS POSITIVOS

A Insegura pode ser humilde, discreta e despretensiosa. Em geral, não é convencida nem orgulhosa e não tem o ego superinflado. Costuma ser uma trabalhadora excepcional, sempre disposta a mais um esforço, no mínimo para compensar algum ponto fraco internamente percebido.

A Insegura tende a ser bastante sensível e, embora às vezes pareça crítica, costuma ser empática, bondosa e muito preocupada com os sentimentos alheios. Ela se sente atraída por empregos em que haja um conjunto claro de instruções e expectativas ou carreiras que permitam o domínio de uma tarefa muito específica.

EM RESUMO
A Insegura

- É perseguida pela dúvida a seu próprio respeito e por sentimentos de não ser boa o bastante.
- Em geral fica paralisada pela insegurança e, com isso, se sente presa.
- Critica os outros para mascarar a própria insegurança.
+ É muito trabalhadora e faz o possível e o impossível para mostrar um bom resultado.
+ Pode ser bondosa, empática e boa ouvinte.
+ Em geral é humilde e nada convencida.

HÁBITOS E COMPORTAMENTOS

- Tem um medo profundo de não ser capaz e com frequência não se sente merecedora.
- Luta contra o diálogo interno, a voz dentro da cabeça que a leva a questionar o próprio valor.
- É comum se sentir desqualificada e "insuficiente" — insuficientemente inteligente, instruída, bonita, organizada etc.
- Tende a ser hipercrítica consigo mesma e com os outros.
- Pode parecer negativa ou sarcástica.
- Briga com sentimentos de inveja, em particular de quem faz as coisas que ela gostaria de fazer.
- Tem fome de incentivo e afirmação positiva.
- Tende a ser humilde e discreta; não luta com um grande ego.
- Às vezes tem dificuldade para criar ou manter amizades.
- Em geral é uma trabalhadora muito esforçada.
- Pode se sentir presa ou paralisada por causa da insegurança.
- Pensa "Ah, eu não saberia fazer isso" quando lhe pedem que faça algo novo.
- Sente que os outros são mais merecedores de sucesso.
- Deseja algo melhor, mas não acredita ser capaz de tomar as providências necessárias para mudar.

A VOZ DA INSEGURA

Eis algumas crenças e pensamentos expressos por entrevistadas que receberam alta pontuação como Inseguras.

- "Não estabeleço metas porque não faço ideia do que quero, já que passei a vida inteira tentando sumir no meio do grupo. As palavras da minha mãe e do meu ex-marido ficam se repetindo na minha cabeça, dizendo que não sou boa o bastante e que nunca vou prestar para nada."
- "Deixei o medo me impedir de ser líder na igreja. Dei ouvidos às vozes que diziam na minha cabeça que eu não era boa o suficiente, que eu

não tinha tempo suficiente, que eu não sabia o suficiente para falar de Deus para os outros e que os outros conseguiriam perceber tudo isso em mim. Eu me deixei pensar demais em tudo e me critiquei. Recuei e depois tive de lidar com a culpa por decepcionar as pessoas."

- "Tenho medo de fracassar porque sempre fracasso. Só vou até ficar difícil demais, aí desisto. Então, por que tentar?"
- "Detesto falar em público e receber qualquer tipo de atenção pública. Houve vezes em que me pediram que falasse, mas me senti desqualificada e inadequada. Aí, depois de decidir não sair da minha zona de conforto, fiquei envergonhada e desapontada comigo mesma."
- Tenho tanta certeza de que vou fracassar que nem me dou ao trabalho de tentar. Além disso, eu sei que os outros não entenderiam por que eu tentei, pois era óbvio que não teria sucesso."
- "Tenho medo de perceber que não sou capaz de fazer o que realmente quero e que ninguém me leva a sério nem se incomoda com o que tenho a oferecer."
- "Sei que tenho uma atleta dentro de mim, mas parece que não consigo agir. Isso me frustra e me deixa arrasada. Quero ir lá fazer, mas tenho a sensação de que não consigo atravessar esse muro intransponível."
- "Na minha família todos são muito inteligentes, e eu me sinto a burra que sempre erra e nunca aprende com eles."
- "Tenho muito medo de parecer idiota ou incompetente, e sempre sinto que não mereço o sucesso ou o cargo que tenho e que vão me expor como impostora."
- "Durante vários anos tive medo de largar um emprego que me esgotava. Como não me sentia bem-sucedida no trabalho, não me considerava capaz de fazer outra coisa. Em vez de simplesmente ver o emprego como algo que não combinava comigo, achei que o erro estivesse em mim. Isso me deixou presa por muito tempo."

COMO ESSE ARQUÉTIPO DO MEDO FREIA VOCÊ

Como Insegura, você luta com a vozinha na sua cabeça que a leva a duvidar das suas capacidades dizendo que você não é o bastante.

Eis aqui alguns pontos em que ser Insegura afeta você negativamente e a impede de prosseguir:

- Você costuma evitar riscos e não tenta coisas novas porque teme não ter o necessário para o sucesso na iniciativa.
- Talvez se veja reanalisando com frequência as decisões tomadas ou mudando de ideia por medo de não conseguir.
- Em vez de se sentir feliz por elas, é comum você se sentir deprimida ou com inveja quando vê pessoas bem-sucedidas, principalmente se elas têm sucesso em algo que você gostaria de fazer mas não ousa tentar.
- Você pode sabotar os relacionamentos tornando-se hipercrítica com as pessoas mais íntimas, levando-as a sentir que nunca satisfarão a sua expectativa.
- Você pode ser suscetível à pressão dos outros e adotar uma ideia popular por não se sentir capaz nem merecedora de dizer o que pensa.
- Você pode ter dificuldade de perdoar a si mesma e aos outros e de se dar liberdade para tentar coisas novas e cometer erros.
- Pode sentir ansiedade e medo quando é forçada a entrar numa situação em que precisa correr riscos ou sair da zona de conforto, e não acredita que tenha as habilidades necessárias.
- Você pode deixar as crenças limitantes sob sua habilidade ditarem o que se permite fazer e o que acha que é capaz.

ESTRATÉGIAS PARA SUPERAR ESSE MEDO

Eis algumas estratégias que você pode usar para superar o medo de não ser boa o suficiente.

Reformule

Sendo Insegura, você pode se sentir mal sobre si mesma quando algo não vai bem, quando erra ou quando fracassa. Mas é importante lembrar que erros e fracassos são uma parte natural da vida. Além disso, em geral são os nossos erros que nos ensinam todas as coisas boas que precisamos saber para continuar avançando!

Isso significa que é divertido errar ou fazer as coisas irem por água abaixo? Não, é claro que não, e obviamente a meta é fazer tudo certo. Mas você não pode deixar o fracasso impedi-la de correr atrás ou de tentar coisas novas, porque os erros e fracassos são um tipo diferente de vitória.

Quando faz a escolha consciente de parar de se preocupar com todos os jeitos de estragar tudo e passa a se concentrar no que pode aprender com a experiência, você dá a si mesma o poder de simplesmente *tentar*, seja lá qual for o resultado. Isso elimina toda a pressão de acertar com perfeição na primeira vez e permite que você curta plenamente a jornada.

Aja

A ação é o antídoto do medo, e, para a Insegura, a única maneira de superar de verdade a insegurança e o medo de não ser capaz é começar a provar a si mesma que você *é mesmo* capaz.

O bom é que, correndo riscos pequenos e dando passinhos fora da zona de conforto, você acabará conseguindo juntar coragem para correr riscos maiores e dar passos grandes fora da zona de conforto. Nada aumenta mais depressa a confiança do que simplesmente agir e ir com medo. Portanto, continue treinando, e faça todo dia pelo uma coisa que a apavora.

Crie responsabilização

Para a Insegura, aquela vozinha na cabeça dizendo que você não é capaz pode se tornar tão alta que encobre todas as opiniões contrárias. Quando isso acontece, é fácil se perder no próprio mundo de insegurança e inadequação, mesmo quando esses pensamentos não se baseiam na realidade. Se está com dificuldade para combater esses pensamentos e sentimentos derrotistas de não ser suficientemente boa, peça reforços e busque o ponto de vista externo de um amigo de confiança, mentor, orientador ou coach.

É claro que isso significará se tornar vulnerável, e, para a Insegura, essa pode ser a parte mais difícil. Mesmo assim, ouvir outra pessoa lhe dizer que os seus pensamentos não estão corretos pode fazer uma enorme diferença. Mais importante ainda: um coach ou mentor habilidoso pode lhe mostrar como tomar providências para ultrapassar esses medos e inseguranças.

SUPERAR A INSEGURANÇA

Foi tão intenso arrependimento de Sandra em relação à experiência com Darcy que a convenceu de que precisava dar um jeito de superar a insegurança paralisante antes que a destruísse. Ela começou a ler livros de autoajuda e a escutar podcasts motivacionais. Embora tudo isso fosse útil e de certa forma inspirador, ela também percebeu que talvez precisasse de ajuda para superar a insegurança que se acumulou dentro dela por tanto tempo.

Pouco à vontade para conversar pessoalmente com conhecidos, ela marcou hora com um coach de vida que encontrou na internet. O coach a incentivou a começar sendo mais intencional com o autocuidado e fazendo algumas coisas só para si, como frequentar uma academia, se exercitar com um personal trainer e entrar numa liga de vôlei recreativo.

Sandra se espantou ao ver como se divertia jogando vôlei outra vez, ainda mais agora, quando não sentia mais a pressão para ser a melhor. Conforme foi ficando mais ativa e em melhor forma, também passou a se sentir mais confiante com sua aparência, o que, por sua vez, a deixou muito mais feliz.

Foi uma diferença que todos notaram, principalmente o marido e os filhos de Sandra.

O coach de vida de Sandra também a incentivou a ultrapassar a sua zona de conforto e pensar em voltar a trabalhar. Ela levou seis meses para reunir coragem e começar a procurar, mas acabou encontrando um ótimo emprego administrativo de meio período que era, ao mesmo tempo, flexível e desafiador.

Mas as novas amizades é que foram mais importantes para Sandra. Em vez de se sentir indigna e invejosa perto de outras mulheres, ela começou a ver suas boas qualidades e a perceber que poderia apreciar os dons dos outros sem se sentir inadequada.

Foi uma mudança imensa e que fez toda a diferença.

---

vai com medo!   Precisa de mais dicas para superar o medo de não ser capaz e combater a insegurança e o sentimento de inadequação? Leia os Capítulos 19, 12, 14 e 19!

capítulo seis

a criadora de desculpas

quando o maior medo é assumir responsabilidades

> É mais fácil ir do fracasso ao sucesso do que das desculpas ao sucesso.
>
> John C. Maxwell
> *O mapa do sucesso*

Caroline é uma daquelas pessoas que causam uma ótima primeira impressão.

Inteligente, confiante e articulada, é alguém a quem os outros dão ouvidos e usam como exemplo. O fato de sempre parecer incrivelmente bem informada ajuda; ela lê bastante e costuma conseguir explicar a teoria ou a filosofia por trás de quaisquer líderes influentes da sua área de atuação.

Na verdade ela é tão boa em explicar as ideias dos outros que quase ninguém percebe que Caroline toma cuidado para não revelar os próprios pensamento e opiniões nem dizer nada que mais tarde possa ser usado contra ela.

Ela aprendeu que é mais seguro se esconder por trás das ideias dos outros do que revelar as suas e se arriscar a levar a culpa se não derem certo. Porque ela *odeia* ser responsabilizada.

Quando criança, os pais de Caroline tinham grandes expectativas para ela e a pressionaram muito para tirar boas notas e se destacar na música e nos esportes.

E eles também arranjavam muitas desculpas sempre que ela não correspondia a essas expectativas. Mais de uma vez pediram aos professores que mudassem a nota da menina quando tinha mau desempenho numa prova ou no boletim, mesmo que fosse porque ela não estudara o suficiente. Insistiam que a razão para ela não entrar na orquestra do condado foi que não puderam pagar as aulas particulares com o diretor, não porque ela não se saíra tão bem na seleção.

Caroline aprendeu que, desde que tivesse alguma justificativa para o mau resultado, os pais não se decepcionariam com ela.

Na faculdade, Caroline logo aprendeu que o segredo das boas notas em qualquer disciplina era saber como espelhar os pensamentos e as opiniões de cada professor. Ela se tornou muito boa em repetir nas provas as palavras e expressões exatas que eles usavam nas aulas. Em consequência, era sempre muito elogiada, e geralmente tirava dez.

De vez em quando, porém, um professor percebia a estratégia e a forçava a articular ideias próprias. Era aí que Caroline realmente tinha dificuldade, às vezes a ponto de trancar a disciplina para evitar ser posta contra a parede.

Depois de se formar, Caroline foi contratada como gerente de projetos na sede de uma grande indústria. Adepta de sempre saber a coisa certa a dizer, logo fez nome no departamento e foi promovida várias vezes nos anos seguintes, chegando a vice-presidente de operações.

Mas foi nesse papel, no topo do departamento, que Caroline começou a ter problemas. Até então, sempre lhe pediam que sopesasse decisões, mas quase sempre era outra pessoa quem dava a palavra final. Ela nunca tivera de se preocupar em ser culpada por uma decisão ruim ou chamada para dar explicações sobre uma escolha errada.

Ela *odiava* ser a responsável.

Na verdade, foi por isso que acabou decidindo sair da empresa para se tornar consultora. Percebeu que gostava de dar conselhos, identificar opções e apresentar vários pontos de vista e pensamentos a considerar, sem nunca precisar tomar a decisão final. Ela gostava de estar a par do que acontecia no setor, mas não queria ser culpabilizada.

Essa tendência também foi levada para a vida pessoal. No casamento e nas amizades, Caroline nunca queria ser aquela que decidia, fosse que casa comprar, fosse a qual filme assistir. E, quando ela e o marido brigavam, a queixa mais frequente dele era que ela sempre inventava desculpas para tudo.

Caroline é uma Criadora de Desculpas.

O ARQUÉTIPO DA CRIADORA DE DESCULPAS™

Também conhecido como Dribladora da Culpa, a maior dificuldade do arquétipo da Criadora de Desculpas é assumir responsabilidades, que também se manifesta como medo de ser cobrada ou considerada culpada.

Como tem pavor de ver dedos apontados para si, a Criadora de Desculpas sempre busca justificativas — algo ou alguém a culpar — para não fazer as coisas ou para explicar por que as circunstâncias são como são.

Em geral, essas razões e racionalizações parecem absolutamente válidas, o que às vezes dificulta identificar o fato de que a Criadora de Desculpas está fugindo da culpa e evitando a responsabilidade.

A Criadora de Desculpas é muito hábil ao desviar o foco e a atenção de si e de sua culpabilidade e lançá-los sobre outras pessoas ou circunstâncias. Trata-se de uma racionalizadora magistral, que sempre parece ter razões ou explicações para não realizar determinada coisa.

A Criadora de Desculpas pode se sentir mal em papéis de liderança e tende a ficar nervosa com a ideia de ser responsável, correr riscos ou se colocar na linha de fogo, preferindo passar a decisão para os outros. Quando se trata de fazer mudanças na vida ou de buscar metas, em geral, embora nem sempre, a Criadora de Desculpas prefere seguir o exemplo ou a orientação de alguém como um mentor, um coach ou um professor. Sempre presta muita atenção ao que deu certo com os outros e tenta fazer igual.

A Criadora de Desculpas tende a se sentir mal quando fica sob os refletores ou quando perguntam sobre a sua opinião ou os seus pensamentos; ela tem medo de ser responsabilizada por essa opinião ou culpada por um resultado desfavorável. Na verdade, quase sempre espera para só dizer o que pensa depois que os outros revelaram seus pontos de vista; com frequência, cede à avaliação dos outros em vez de defender a própria postura.

Ironicamente, a própria natureza do arquétipo da Criadora de Desculpas — a tendência a evitar responsabilidades ou inventar desculpas — o torna um dos mais difíceis de assumir e aceitar, porque a tendência básica do arquétipo é criar desculpas que driblam a responsabilidade.

Por isso é importante lembrar que o arquétipo da Criadora de Desculpas não é *melhor* nem *pior* do que os outros arquétipos do medo. A realidade é que nenhum dos arquétipos é positivo; todos eles nos puxam para trás de algum modo. Mais ainda, todos temos pelo menos um pouquinho de cada um funcionando dentro de nós.

A Criadora de Desculpas é o sexto arquétipo do medo mais comum. São 3% das pessoas que o exibem como arquétipo principal e 20% têm esse arquétipo entre os três mais importantes.

ATRIBUTOS POSITIVOS

As Criadoras de Desculpas podem ser excelentes membros de equipes e em geral são ótimas para colaborar e trabalhar com os outros. Por serem muito boas em aprender e estudar a vida, são hábeis para assimilar lições com os sucessos e erros alheios. Também aceitam bem as instruções e, quando unidas ao mentor ou professor certo, podem realizar coisas notáveis.

As Criadoras de Desculpas são boas animadoras de torcida e incentivam muito os outros. Têm capacidade para fazer os outros acreditarem e se sentirem capazes de realizar grandes coisas. Também tendem a ser observadoras argutas e têm ótimas ideias, mesmo que às vezes relutem em declarar uma opinião forte. As Criadoras de Desculpas são mais felizes e ficam mais à vontade em papéis de apoio em vez de posições diretas de liderança. Prosperam em cargos que lhes permitam, em última instância, ceder à avaliação ou opinião de alguém superior.

EM RESUMO

A Criadora de Desculpas

- Tende a sentir medo de assumir a responsabilidade ou de ser culpabilizada.
- Cria desculpas em vez de progredir.
- Hesita em liderar ou assumir a responsabilidade e prefere que os outros tomem as decisões.
+ Em geral, é ótima como um membro de equipe.
+ Pode ser uma observadora habilidosa que aprende com os erros dos outros.
+ Costuma ser uma excelente animadora de torcida.

HÁBITOS E COMPORTAMENTOS

- Sente-se mal com a ideia de assumir a culpa ou a responsabilidade por um erro ou falha
- Costuma acreditar que os próprios reveses e fracassos resultam de circunstâncias que estão fora do seu controle ou são causados por outros que não fizeram sua parte
- Arranja uma desculpa ou explicação sempre que algo dá errado; essa desculpa ou explicação parece perfeitamente válida e racional, portanto não é fácil identificá-la como desculpa
- Reluta em revelar a própria opinião por medo de ser culpada ou responsabilizada
- Sente-se presa pela falta de orientação, apoio ou liderança, atualmente ou no passado (isto é, maus pais, mau professor, mau chefe etc.)
- Às vezes atribui as dificuldades atuais a coisas que aconteceram na infância ou há muito tempo
- É comum querer que um professor ou guia lhe mostre o caminho
- Tem dificuldade para tomar decisões em ambientes de grupo ou em nome de outras pessoas
- Prefere trabalhar e colaborar com os outros a andar sozinha

A VOZ DA CRIADORA DE DESCULPAS

Eis algumas crenças e pensamentos expressos por entrevistadas que receberam alta pontuação como Criadoras de Desculpas.

- "O dinheiro está curtíssimo agora, e isso me impede de avançar com o que quero realizar."
- "Estou com medo de que, se algo der errado, todos fiquem irritados comigo e me culpem."
- "Sempre sonhei ter a minha padariazinha, mas não posso arcar com isso financeiramente. O crédito estudantil é uma parte imensa da nossa dívida, e não há como realizar esse sonho."
- "Em geral, vivo sobrecarregada com o tanto que tenho a aprender e o pouco tempo que tenho antes que os boletos vençam. Preciso ganhar dinheiro agora, não daqui a seis meses."
- "Não quero ser responsável por todo mundo."
- "Na verdade não tenho tempo nem recursos para fazer isso bem-feito, por isso acho que não deveria fazer."
- "O meu maior sonho na vida é treinar cavalos, mas, com pouco histórico equestre aos 22 anos, acho que já estou velha para começar a carreira nesse campo. Parece que todos os treinadores de cavalos bem-sucedidos começaram antes mesmo de aprender a andar. A coisa toda é muito assustadora para mim, e parece impossível."
- "Eu gostaria de abrir um negócio próprio, mas parece que alguma coisa ou alguém sempre me impede. Não tenho tempo. Não tenho dinheiro. Não há ninguém que me mostre o que fazer."
- "Queria muito escrever um livro. Sempre quis ser escritora, mas nunca escrevo. Sempre arranjo uma desculpa. Sei que é porque eu tenho medo, mas não sei como superar."
- "Tenho medo de precisar fazer tudo sozinha e não ter estrutura de apoio nem alguém em quem me apoiar."

COMO ESSE ARQUÉTIPO DO MEDO FREIA VOCÊ

O maior perigo que o arquétipo da Criadora de Desculpas enfrenta é a indisposição para assumir a responsabilidade total por sua vida e pelo que lhe acontece. Essa tendência de fugir da culpa e da responsabilidade e inventar desculpas é realmente um modo de abrir mão do controle do próprio destino. Afinal, *mesmo uma boa desculpa não passa de uma desculpa.*

Eis aqui alguns pontos em que ser uma Criadora de Desculpas afeta você negativamente e a impede de prosseguir:

- Você pode ter dificuldade para tomar uma decisão ou chegar a uma conclusão se não for uma decisão ou conclusão a que outra pessoa chegou primeiro.
- Pode ser difícil exprimir os próprios pensamentos e opiniões por medo de ser responsabilizada por eles mais tarde.
- Você pode ficar pouco à vontade para assumir a liderança se isso significar que será culpada ou responsabilizada se algo der errado.
- Você é hábil para inventar boas desculpas ou racionalizações e explicar por que não deve tentar alguma coisa ou por que não foi capaz de realizar alguma coisa, embora no fim essas desculpas não a ajudem.
- A tendência de arranjar pretextos ou fugir da responsabilidade pode ser frustrante para os outros, pois parece que você não se dispõe a assumir os seus erros; isso pode afetar negativamente os seus relacionamentos.
- Você pode sentir ansiedade, raiva ou medo quando acha que está sendo cobrada, culpada ou responsabilizada por uma decisão e reagir com agressividade.
- É difícil correr riscos.
- Você pode ser propensa a atribuir dificuldades ou reveses atuais a coisas que aconteceram no passado, como uma infância difícil, falta de apoio ou a carência de um mentor de qualidade. Isso a impede de assumir a responsabilidade plena no presente.

ESTRATÉGIAS PARA SUPERAR ESSE MEDO

Eis algumas estratégias que podem ajudá-la a vencer o medo de assumir responsabilidades.

Reformule

Grande parte do medo vem do roteiro que se desenrola dentro da sua cabeça — a mensagem que lhe diz que você não quer assumir a culpa. Portanto, reformular o modo como você lida com as situações e as responsabilidades vai ajudá-la a avançar.

Se lá no fundo você acredita que os pretextos vão evitar que seja culpabilizada, tente dizer a si mesma: "Ninguém gosta de ouvir desculpas. É muito mais provável que as pessoas respeitem o meu trabalho se eu assumir a responsabilidade". Do mesmo modo, se enfrenta circunstâncias que estão fora do seu controle, experimente dizer a si mesma: "Posso não ter o controle de tudo, mas sou capaz de assumir a responsabilidade pelas escolhas que fiz".

Aja

Como Criadora de Desculpas, talvez você descubra que a ação mais poderosa que pode pôr em prática na vida é adotar a mentalidade sem desculpas. Cada vez que tomar a decisão de aceitar a responsabilidade por todas as escolhas que fizer e as decisões que tomar, será um ato de coragem. A mentalidade sem desculpas dá fim a todas as justificativas e se recusa a jogar a culpa em alguém que a magoou, nas circunstâncias em que se está ou nas coisas terríveis que aconteceram.

Os psicólogos se referem a esse conceito como mudança do *locus* do controle, a extensão em que as pessoas acreditam que têm o controle *interno* da vida, em vez de acreditar que a vida é determinada por forças *externas* que estão além do seu poder de ação. Não surpreende que as pessoas com um *locus* de controle interno sejam muito mais motivadas, produtivas e bem-sucedidas. Isso significa que se tornar mais motivada muitas vezes é uma simples questão de assumir a responsabilidade pelas suas escolhas.

Embora a princípio pareça assustador, adotar a mentalidade sem desculpas e assumir a responsabilidade plena por sua vida e suas circunstâncias é incrivelmente libertador! Quando assume assume o comando, você não precisa se preocupar com o que lhe acontece, com o modo como os outros podem tratá-la nem com os obstáculos que talvez surjam, porque, no fim das contas, você está no controle.

Crie responsabilização

Nunca é fácil ouvir alguém apontando a sua tendência de arranjar desculpas, mas provavelmente não há modo melhor de superar esse medo específico do que buscar a responsabilização de forma ativa, seja com um colega parceiro, seja com um professor ou mentor que incorpore as qualidades e habilidades que você está tentando desenvolver.

O seu parceiro ou mentor de responsabilização será capaz de lhe dizer a verdade e lhe alertar quando você estiver inventando desculpas e quando estiver deixando o medo de ser culpada ou responsabilizada puxá-la para trás. Idealmente, você precisa encontrar alguém que não tenha medo de chamar sua atenção e que a ajude a treinar a assumir o comando e a responsabilidade por sua vida e suas decisões, um passinho miúdo de cada vez. A princípio não vai parecer natural, mas depois de algum tempo, principalmente com a ajuda de alguém que admire e em quem confie, você chegará lá.

SUPERAR AS DESCULPAS

Depois que começou a notar que o padrão de arranjar desculpas e nunca assumir responsabilidades afetava negativamente a sua vida e os seus relacionamentos, Caroline viu que precisava tomar providências.

Ela contratou um coach de negócios para obter orientação e desenvolver a responsabilização, e aos poucos esse profissional a ajudou a perceber que ela evitava a responsabilidade ou arranjava desculpas na vida e na sua empresa de consultoria. A princípio foi difícil para Caroline aceitar o feedback e assumir o comando das suas decisões, mas, enquanto treinava a mentalidade sem desculpas — primeiro em decisões pequenas, depois nas grandes —, ela começou a ter uma nova sensação de liberdade e empoderamento.

A primeira grande descoberta aconteceu quando trabalhava com um cliente. Como consultora, Caroline tinha acabado de apresentar várias linhas de ação que a empresa poderia adotar, e o CEO se virou para ela e perguntou: "O que você acha que deveríamos fazer?".

Normalmente Caroline evitaria responder à pergunta reiterando as opções e explicando que só estava ali como consultora. Mas dessa vez ela olhou o presidente bem nos olhos e respondeu: "Se a empresa fosse minha, eu escolheria a opção A, e é o que acho que vocês deveriam fazer".

O presidente concordou, agradeceu o conselho e disse: "E eu que pensei que você fosse um daqueles consultores que nunca dão sua opinião".

Com o tempo, Caroline passou a perceber que os clientes preferiam ouvir as suas opiniões reais, mesmo que às vezes fossem erradas, do que conselhos rasos que não os ajudavam a tomar decisões. Ela se conscientizou de que eles respeitavam a sua disposição para dizer o que pensava e que raramente a condenavam quando ela errava, desde que se dispusesse a assumir o erro.

Aos poucos, assumir responsabilidades foi ficando mais fácil.

Em casa, o marido de Caroline também começou a notar a mudança e quase caiu da cadeira no dia em que ouviu: "Quer saber? Você tem razão! Eu não deveria ter feito isso e peço desculpas. Foi 100% culpa minha".

Hoje, Caroline tem na escrivaninha uma placa que diz "Sem Desculpas" — um lembrete constante para que ela assuma plena responsabilidade pelas escolhas que faz. Agora ela percebe que estava presa pelo medo de ser culpada e não quer voltar atrás.

---

vai com medo!

Precisa de mais dicas para superar o medo de assumir responsabilidades e a necessidade de arranjar desculpas? Leia os Capítulos 10, 11 e 20!

capítulo sete

a pessimista

quando o maior medo é a adversidade

> Você é apenas uma vítima do que o seu grau de percepção permite. | *Shannon L. Alder*

No fundo, Janice sente que tudo sempre esteve contra ela. E, embora não queira admitir para ninguém, neste momento ela costuma sentir que só está tentando sobreviver sem ser derrubada outra vez.

Na infância, a vida em família era bastante disfuncional, e Janice se lembra bem de desejar que a família fosse simplesmente normal, e de rezar por isso. Todos os seus amigos pareciam ter pais e vidas perfeitos, enquanto o pai de Janice bebia demais e a mãe estava sempre esgotada. Embora não fossem exatamente pobres, os pais sempre pareciam estressados com questões relacionadas a dinheiro e brigavam o tempo todo.

Então, quando Janice estava na sétima série, os pais se divorciaram. Ela ficou tão envergonhada que nunca contou a ninguém e evitava convidar amigos para ir à sua casa para que eles não descobrissem o seu segredo.

Na faculdade, tudo foi bem até o segundo ano, quando Janice teve mononucleose. Durante meses ela ficou praticamente sem energia e mal conseguia ir às aulas. As notas começaram a cair, e ela acabou perdendo a bolsa de estudos que possuía. Sem a bolsa, ela não conseguia arcar com os custos da faculdade, então foi forçada a largar o curso.

Depois de deixar a faculdade, ela foi trabalhar em tempo integral como recepcionista. Achou que teria oportunidade de subir na carreira, mas, depois de perder duas promoções porque a chefe claramente não gostava dela, decidiu procurar outras opções. Matriculou-se num curso noturno na escola local de cosmetologia, se formou esteticista e arranjou emprego num hotel e spa local.

Ela descobriu que adorava ajudar as pessoas a resolver problemas de pele e que era boa nisso. Conquistou uma clientela fiel, embora às vezes se sentisse mais terapeuta do que esteticista — todos sempre lhe contavam os seus problemas de relacionamento! Na maior parte do tempo, Janice era uma ótima ouvinte, e por isso as pessoas tendiam a se abrir.

Depois de alguns anos trabalhando no spa, Janice e duas colegas decidiram empreender e abrir uma pequena clínica de massagem e tratamento de pele. Tudo foi bem nos dois primeiros anos, mas aí Janice começou a notar que as outras duas sócias estavam ficando mais íntimas entre si e parecia que a estavam isolando. Janice as flagrou reunidas algumas vezes sem ela e tomando decisões sobre a empresa sem consultá-la, e a situação começou a ficar tensa.

Então, Janice fez uma viagem de um mês pela Europa — viagem que planejava havia anos. As sócias deveriam atender os clientes dela durante esse período, mas em vez disso elas modificaram a empresa toda e tiraram Janice da sociedade.

Janice ficou arrasada.

Chorou durante três dias, sem entender como alguém podia ser tão cruel e egoísta.

Por fim, voltou a trabalhar no spa, mas a amargura e a raiva que sentia impediam que gostasse do trabalho que estava fazendo. Agora, quando as clientes lhe contam os seus problemas, ela não consegue deixar de revirar os olhos quando não estão olhando. Ah, se soubessem o que são problemas *de verdade*!

Neste momento, Janice sente que se esforçou muito para avançar, mas que é sempre puxada para trás. De que adianta tentar se a vida é claramente tão injusta? Ela cansou de se expor e de ser arrasada por isso. Aliás, parece que não há uma boa solução, e ela tem medo de se esforçar só para ser traída ou derrubada mais uma vez. Tem medo da adversidade porque parece que a sua vida *só tem* adversidade.

Janice é Pessimista.

O ARQUÉTIPO DA PESSIMISTA™

Em geral uma vítima de circunstâncias que estão fora do seu controle, o arquétipo da Pessimista tem mais dificuldade com o medo da adversidade, que normalmente só se manifesta como medo de lutar com as dificuldades ou o medo da dor.

Como a Pessimista vivenciou privações, tragédias ou adversidades na vida, recentemente ou no passado, tem razões legítimas para se sentir vitimizada. Mas se permitir ficar nesse papel de vítima é exatamente o que prende a Pessimista.

Por terem tanto medo da adversidade e das privações e por sentirem que não controlam a situação, as Pessimistas são emboscadas com facilidade por qualquer dificuldade ou circunstância desafiadora que apareça. Em vez de verem os obstáculos como oportunidades de crescimento e perseverança, as Pessimistas consideram que as suas tragédias e privações são razões legítimas para desistir ou nem tentar.

Em geral, as Pessimistas não conseguem ou não se dispõem a enfrentar as circunstâncias de frente e preferem se esconder para evitar dor adicional. Ironicamente, o mais comum é essa reação piorar as coisas.

Para a Pessimista, pode ser difícil tomar distância para enxergar além das suas dores, privações ou circunstâncias difíceis. Parece que todo mundo tem vida fácil ou que ela ficou com o palitinho mais curto. É provável que também não perceba que se coloca na posição de vítima.

Às vezes a Pessimista parece amarga, e é comum sentir que recebeu um quinhão pior do que os outros, o que a leva a pensar que a vida é fundamentalmente injusta. A Pessimista também acredita que é vítima das circunstâncias e sente que não controla o próprio destino.

Não surpreende que, pela própria natureza, o arquétipo do medo da Pessimista seja um dos mais difíceis, se não *o* mais difícil, de assumir e aceitar. Na verdade, as reações mais comuns de quem descobre que é Pessimista são raiva, negação e ofensa. Ninguém quer se ver como vítima ou pessimista, mesmo que essa mentalidade seja exatamente o que está puxando a pessoa para trás.

É bom lembrar aqui que o arquétipo da Pessimista não é *melhor* nem *pior* do que os outros arquétipos do medo. Todos eles nos impedem de progredir de algum modo, e todos temos pelo menos um pouquinho de cada arquétipo dentro de nós.

A Pessimista é o arquétipo do medo menos comum: 3,4% das pessoas o exibem como arquétipo principal e 16,9% têm esse arquétipo entre os três mais importantes.

ATRIBUTOS POSITIVOS

As Pessimistas tendem a ser sensíveis, com um grande coração. Em geral, ouvem dizer que são muito emotivas e que sentem tudo de forma mais intensa e profunda do que os outros.

Por isso, costumam ser muito carinhosas, compassivas e gentis, e também sentem muita empatia pelos outros. Tipicamente são muito sociáveis, boas ouvintes e também atenciosas e reflexivas.

As Pessimistas tendem a se sentir atraídas por carreiras que as deixam em condições de cuidar das pessoas e de interagir com elas, e também por aquelas que exigem ponderação e expressão criativa. As carreiras comuns são enfermagem, cuidados com idosos, assistência social, fisioterapia, aconselhamento, cosmetologia, massagem terapêutica, estética, artes plásticas, ensino e escrita.

EM RESUMO

A Pessimista

- Teme a adversidade, mas em geral parece estar mergulhada nela.
- Tende a ver as privações como uma placa de "pare", não como um trampolim.
- Sente-se impotente para mudar as circunstâncias e pode se tornar amarga.
+ Tende a ser atenciosa e compassiva.
+ Tem alto nível de empatia e costuma ser boa ouvinte.
+ É sensível, com um grande coração.

HÁBITOS E COMPORTAMENTOS

- Frequentemente tem dificuldade para superar circunstâncias difíceis do passado.
- É comum sentir que não há solução para os seus problemas.
- Vê as privações como uma placa de "pare", não como um trampolim.
- Tende a acreditar que a sua vida é pior do que a vida da maioria das pessoas que conhece.
- Em geral, sente que circunstâncias que estão fora do seu controle atrapalham o cumprimento das suas metas.
- Pode se fechar diante da adversidade ou de desafios.
- É provável que desista em vez de prosseguir quando a situação fica difícil.
- Tende a sentir as emoções com mais intensidade do que os outros.
- Pode ser sensível a críticas e adversidades.
- Às vezes se perde nos próprios pensamentos.
- É comum evitar riscos.

A VOZ DA PESSIMISTA

Eis algumas crenças e pensamentos expressos por entrevistadas que receberam alta pontuação como Pessimistas.

- "Tenho medo de que o que eu quero fazer seja difícil demais."
- "Não quero perder tanto tempo e esforço só para ser derrubada mais uma vez."
- "A minha primeira gestação foi cheia de dificuldades. O médico não me dava ouvidos, e eu não me sentia à vontade sob os cuidados dele, mas ninguém me escutou. Não mudei de médico, e a minha bebê morreu no parto. Gostaria de ter falado e seguido a minha intuição. Desde então, vivo arrasada por essa perda."
- "A coisa que me puxa para trás é a *vida*. Tive câncer; precisei cuidar dos meus pais idosos; a minha família nunca tem dinheiro. Há coisas que eu gostaria de fazer, mas simplesmente não dá."

- "Estou muito cansada de tentar e falhar. Não quero mais."
- "Tenho receio de dedicar mais tempo e esforço uma vez que estou sempre cansada, sem saber se no final valerá a pena. É exaustivo ser arrimo de família, esposa e mãe. Raramente tenho tempo de fazer algo divertido para mim com um filho com necessidades especiais que nunca pode ficar sozinho, nem mesmo na adolescência. Sem falar dos meus pais idosos e da minha casa negligenciada."
- "Um acidente de carro pôs fim à minha carreira de dançarina e, na mesma época, a crise econômica veio com tudo. Eu tive um monte de problemas. Não pude administrar a companhia por causa das lesões. Não pude mais dançar por causa das lesões. Fiquei travada, sem saber para onde ir nem como avançar na vida. Isso me paralisou no tempo durante anos, e ainda me puxa para trás de várias maneiras."
- "Não quero dar mais munição ao meu marido. Ele não acredita em mim, e isso me faz pensar que não consigo."
- "Vivo tentando coisas novas, mas os problemas antigos sempre atrapalham e me puxam para baixo."

COMO ESSE ARQUÉTIPO DO MEDO FREIA VOCÊ

Percepção é realidade, e, para o arquétipo da Pessimista, a sensação de que a vida não é justa ou que é pior para você do que para os outros é paralisante. Em geral, esse sentimento ou percepção vem de circunstâncias genuinamente difíceis — tragédia, doença, traição ou perda — que você tem dificuldade para superar.

É importante saber que a dor, a raiva e a amargura que você sente são legítimas e, talvez, até justificadas. Dito isso, deixar-se prender por circunstâncias difíceis não a ajuda e pode, na verdade, puxá-la para trás. Eis algumas maneiras como ser Pessimista afeta você negativamente e a impede de prosseguir:

- Você tende a se desestimular com facilidade e tem dificuldade para lutar em meio a desafios e adversidades. Você fica travada e se frustra na "bagunça do meio".

- Às vezes você cai num ciclo de autopiedade e mentalidade de "coitadinha", acreditando que a vida é injusta ou que as circunstâncias foram piores para você do que para os outros. Embora isso possa ou não ser exato, sentir pena de si mesma só a puxa para trás.
- Você pode ter dificuldade para perdoar e para ser benevolente com os outros quando sente que foi injustiçada.
- Talvez seja difícil manter relacionamentos positivos com pessoas que você acha que têm mais facilidades na vida. A sua de ver a vida como injusta pode causar inveja de quem você acha que teve mais sorte no caminho.
- O medo da dor e da adversidade pode levá-la a evitar riscos, mesmo que pequenos, e a não correr atrás de grandes sonhos e metas, afinal o simples fato de pensar na luta é muito desconfortável.
- Você pode sentir ansiedade e medo quando prevê que algo será difícil.
- Você pode permitir que crenças estabelecidas sobre as coisas que lhe aconteceram, suas circunstâncias de vida ou o modo como a trataram no passado ditem aquilo para o que você acredita que é capaz.

ESTRATÉGIAS PARA SUPERAR ESSE MEDO

Eis algumas estratégias para superar o medo de adversidade.

Reformule

A adversidade nunca é divertida. Doença, tragédia, abuso, traição, depressão, dificuldade financeira, decepção, erros, tropeços e privações — a lista de coisas horríveis que podem acontecer e acontecem na vida é quase interminável. A maior parte dela é formada por coisas que não desejaríamos ao nosso pior inimigo.

A probabilidade é que você já tenha vivido uma quantidade extrema de adversidade que a deixou apavorada, com medo de viver mais. Mesmo assim, quase sempre há algo bom que pode vir da tragédia ou de circunstâncias difíceis. Em vez de olhar para as privações como placas de "pare", você pode começar a vê-las como um trampolim para chegar aonde precisa.

Não, não é divertido cometer erros nem vivenciar tragédias e privações. Mas é importante não deixar que o medo de superar a adversidade seja o que a impede de correr atrás ou de tentar coisas novas.

Uma grande parte do medo vem do roteiro que se desenrola dentro da sua cabeça, e isso significa que, se quiser romper esse medo, você terá de começar a passar uma mensagem nova. Se lá no fundo você acredita que ficou com a parte podre, o que dizer a si mesma para ajudar a mudar esse ponto de vista? Do mesmo modo, se estiver lidando com a raiva ou a amargura pela forma como foi tratada ou se tem dificuldade com o sentimento de que a vida não é justa, está na hora de recomeçar a escrever a mensagem que você passa na sua mente.

Às vezes, afirmações positivas repetidas para si mesma são suficientes. Outras vezes pode ser preciso encontrar mais mensagens positivas para escutar, como as de audiolivros ou podcasts. Talvez seja necessário buscar ajuda espiritual nas Escrituras, em cultos ou com um assessor espiritual. Talvez seja preciso até receber a ajuda externa de um terapeuta ou orientador.

Aja

Um indicador fundamental do arquétipo da Pessimista é sentir que você tem de lidar com muitas circunstâncias injustas ou difíceis que estão completamente fora de controle. E, embora nem sempre seja possível mudar as circunstâncias — o que acontece com você ou como os outros a tratam —, você *pode* mudar o modo como escolhe reagir.

Como a Criadora de Desculpas, a Pessimista precisa desenvolver um *locus* de controle interno. Embora no começo pareça assustador, perceber que você — não importa quem a magoou ou as coisas horríveis que tenham acontecido — tem capacidade de dizer que ainda tem escolha é incrivelmente libertador! Quando retoma o controle da sua reação, você não precisa mais se preocupar com o que acontece, com o modo como os outros a tratam ou com os obstáculos que talvez surjam, porque, não importa o que aconteça, *a vida ainda é sua e de mais ninguém.*

Crie responsabilização

Quando lidamos com tragédias, doenças ou qualquer tipo de adversidade, pode ser difícil olhar de fora e "ver a floresta e não as árvores". No momento, parece que tudo está contra você — a vida não é justa, e para você tudo é muito pior do que para os outros. Mas a realidade é que, embora as dos outros pareçam diferentes, as privações e adversidades acontecem com todos. Ninguém está imune, mesmo que as suas batalhas aconteçam a portas fechadas. Console-se em saber que você não está sozinha e busque ativamente amigos ou parceiros de responsabilização que a ajudem a obter essa visão de fora.

Dependendo das circunstâncias enfrentadas, talvez seja bom pensar em entrar num grupo de apoio. Há grupos para tudo, do luto e do uso de drogas a depressão, endividamento e muito mais. Um grupo de apoio pode ajudá-la a se lembrar de que outros já passaram por esse caminho e pode até lhe oferecer soluções nas quais você não pensou.

SUPERAR O PESSIMISMO

Ao perceber, enfim, que afundava cada vez mais num poço de raiva e amargura, Janice decidiu procurar ajuda. Começou a fazer consultas com um psicólogo, que a ajudou a compreender melhor a infância que ela sempre considerara disfuncional.

Janice começou a perceber que os pais, embora não fossem perfeitos, fizeram o melhor possível e também acertaram em muitas coisas. Ela passou a ter mais compaixão pelo estresse que ambos deviam sentir e chegou a ter uma conversa de coração aberto com a mãe, que lançou muita luz sobre as circunstâncias da infância que Janice não entendia direito.

Ela também trabalhou a amargura por ter sido forçada a largar a faculdade, e ficou chocada ao finalmente admitir para si mesma que não gostava muito do curso e que a verdadeira razão para as notas terem caído é que não estava interessada nas aulas. Ela também percebeu que adorava estética e não conseguia se imaginar fazendo outra coisa.

Para Janice, foi como se lhe tirassem um peso dos ombros, porque agora, quando recordava a experiência universitária, se sentia grata porque a mononucleose a ajudou a encontrar outro caminho.

Quanto às ex-sócias, Janice ainda sentia muita raiva, mas o terapeuta a ajudou a ver que o rancor a corroía por dentro e não lhe fazia bem. Ela decidiu fazer a escolha consciente de perdoá-las e seguir em frente. Não foi fácil e demandou muito tempo e muita oração, mas por fim a raiva começou a diminuir.

Enquanto isso, Janice se dedicou a atender as clientes no hotel. Tornou-se a principal esteticista da equipe, conseguiu dobrar o salário e foi a primeira a ter lista de espera. Chegou a ser premiada como Funcionária do Ano pelo gerente do hotel.

Foi preciso um trabalho profundo, mas hoje Janice sabe exatamente de que maneira o medo da adversidade a puxava para atrás e está decidida a nunca mais permitir que as circunstâncias que *não pode* controlar ditem as coisas que ela controla.

---

vai com medo!   Precisa de mais dicas para superar o medo da adversidade e dos sentimentos de vitimização e recuperar o controle do seu destino? Leia os Capítulos 10, 12, 14 e 20.

os arquétipos do medo — um resumo

A PROCRASTINADORA
Medo primário: Tem mais dificuldade com o medo de cometer erros, que em geral se manifesta como perfeccionismo ou temor de compromisso.
Características negativas: Gosta que tudo esteja "certo" e passa tempo demais pesquisando e planejando; tem dificuldade tanto para começar quanto para sentir que terminou.
Atributos positivos: Produz trabalho de alta qualidade; em geral é bem-organizada e presta muita atenção aos detalhes.

A SEGUIDORA DE REGRAS
Medo primário: Tem mais dificuldade com o medo exagerado da autoridade, que costuma se manifestar como uma aversão irracional a desobedecer a regras ou a fazer algo que seja percebido como "não permitido".
Características negativas: Fica nervosa se não fizer algo como deveria ser feito; pode aderir a uma regra ou seguir a maioria mesmo contrariando a própria avaliação.
Atributos positivos: É extremamente confiável e responsável; tem uma forte noção de dever e de certo e errado.

A BOAZINHA

Medo primário: Tem mais dificuldade com o medo de ser julgada, que também se manifesta como medo de decepcionar os outros e do que os outros vão dizer.

Características negativas: Tem dificuldade para dizer não e estabelecer limites; pode hesitar em agir, temendo o que os outros vão pensar.

Atributos positivos: Tende a ser muito querida e divertida; é solícita, atenciosa e generosa; ótima no trabalho em equipe.

A EXCLUÍDA

Medo primário: Tem mais dificuldade com o medo da rejeição ou o medo de confiar nos outros — em geral manifestado ao rejeitar os outros antes de ser rejeitada.

Características negativas: Por fora, parece destemida ou indiferente ao que os outros pensam; às vezes tem dificuldade para fazer parte da equipe e pode buscar comportamentos arriscados ou autodestrutivos.

Atributos positivos: É automotivada e voltada para o sucesso; tende a ser persistente, disposta a correr riscos e não desanima facilmente com o fracasso.

A INSEGURA

Medo primário: Tem mais dificuldade com o medo de não ser capaz, que quase sempre se manifesta como uma sensação profunda de insegurança e medo de não ser suficientemente boa.

Características negativas: Sente-se paralisada pela insegurança e, portanto, presa. Em geral, critica os outros para mascarar a insegurança.

Atributos positivos: É muito trabalhadora e se esforça ao máximo para fazer um bom serviço; pode ser gentil, empática, humilde e boa ouvinte.

A CRIADORA DE DESCULPAS

Medo primário: Tem mais dificuldade com o medo de assumir responsabilidades, que se manifesta como o temor de ser cobrada ou de ser considerada culpada.

Características negativas: Costuma inventar desculpas em vez de progredir; hesita em liderar ou assumir a responsabilidades e prefere que os outros tomem as decisões.

Atributos positivos: É boa no trabalho em equipe e excelente incentivadora; pode ser ótima observadora, aprendendo com os erros e sucessos dos outros.

A PESSIMISTA

Medo primário: Tem muita dificuldade com o medo da adversidade, que pode se manifestar como medo de passar por privações e dificuldades ou medo da dor.

Características negativas: Sente-se impotente para mudar as circunstâncias; tende a ver as privações como uma placa de "pare", não como um trampolim.

Atributos positivos: É sensível e tem bom coração; tende a ser carinhosa e compassiva e em geral é boa ouvinte.

PARTE 2

os princípios da coragem

Depois de identificar a maneira única como o medo se manifesta na sua vida, está na hora de começar a superá-lo. Esse processo começa com uma mudança de mentalidade e o abandono das crenças limitantes que você tem sobre si e os outros.

A adoção de um novo conjunto de princípios — os Princípios da Coragem — ajuda a fazer essa mudança. Esses princípios são projetados para ajudar você a reformular a sua percepção e lhe oferecer um conjunto novo de princípios básicos. A ideia é que você se sinta preparada para enfrentar os seus medos, superar os obstáculos e conquistar a vida que sempre quis.

capítulo oito

ouse pensar grande

porque as metas arrojadas são o segredo
para se motivar e se manter motivada

> Uma boa meta é como um exercício extenuante: faz você se alongar.
>
> *Mary Kay Ash*

Nove anos atrás, quase por capricho, fundei o que acabaria se tornando a minha empresa, a Ruth Soukup Omnimedia. É claro que naquela época ainda não era uma empresa! Nem chegava perto. Para começar, eu não tinha absolutamente *nenhuma* ideia do que estava fazendo. Nem sabia que se podia abrir uma empresa na internet, uma empresa virtual, e com certeza não estava tentando abrir uma.

Eu era uma dona de casa com dois filhos pequenos à procura do que fazer. Para dizer a verdade, eu precisava mudar de ares, e na maior parte dos dias a única coisa em que conseguia pensar para sair de casa era ir à loja Target. Então, nós íamos à Target. Muito. E eu passava muito mais tempo lá do que deveria. Em consequência, o meu marido e eu começamos a brigar por dinheiro. Eu precisava desesperadamente fazer algo que não fosse comprar e pensei: *Por que não começar a escrever sobre viver bem e gastar menos?* Imaginei que, no mínimo, iniciar um blog me daria algo a fazer e também me tornaria mais responsável.

No entanto, depois de expor os meus pensamentos na internet por algumas semanas, comecei a perceber que havia todo um outro mundo lá que eu não conhecia, um mundo de empreendedores, de gente que faz, donos de negócios online. Descobri que havia gente — até outras donas de casa — que ganhava *dinheiro de verdade* trabalhando em casa, e decidi que queria fazer isso também.

Foi aí que estabeleci a meta grande, assustadora, totalmente *maluca* de que ganharia dinheiro suficiente com o meu novo negócio na internet — esse pequeno blog que eu tinha começado — para o meu marido poder largar o emprego.

Nem preciso dizer que essa meta parecia impossível naquele momento. Para começar, o meu marido era engenheiro aeroespacial e ganhava bem. Não era como se ele trabalhasse meio expediente em uma loja de ferragens ou coisa parecida; era uma renda respeitável que eu precisaria substituir. Em segundo lugar, na época em que estabeleci essa meta, o meu negócio gerava zero dólar, e eu tinha cerca de quatro leitores — um deles era eu.

Não era só uma meta grande; era uma meta insana. O tipo de meta da "moça que enlouqueceu". E foi exatamente o que o meu marido disse quando contei o plano a ele. Na verdade, acho que as palavras exatas dele foram: "Querida, essa é a coisa mais estúpida que você já disse. Não dá para ganhar dinheiro com blogs". Ele não queria ser malvado nem explodir a minha bolha. Parecia mesmo uma ideia burra, maluca, totalmente fora do terreno das possibilidades sensatas.

Mas quer saber?

Não liguei.

A questão é que eu tinha estabelecido outras metas na vida, e até tive metas que achei bem grandes — metas como entrar em uma das vinte melhores faculdades de Direito —, mas essa era a primeira vez que eu estabelecia uma tão grande que não fazia ideia de como atingi-la. Eu não fazia ideia de como a transformaria em realidade, mas estava decidida a descobrir.

E não me importava que o meu marido me achasse maluca. Não me importava que as minhas amigas não entendessem ou rissem de mim pelas costas. Não me importava que eu tivesse de trabalhar mais do que nunca.

Assim que me comprometi com essa grande meta, fiquei pronta e disposta a fazer o que fosse preciso.

Sim, eu estava com medo. Apavorada, na verdade. E, sim, sem absolutamente nenhuma ideia do que estava fazendo. Mas eu sabia que, se continuasse tentando, acabaria descobrindo. Eu sabia que tinha de haver um modo, mesmo que eu não soubesse muito bem qual era.

POR QUE PRECISAMOS DE METAS ARROJADAS

Numa recente viagem de negócios, passei algum tempo correndo na esteira da academia do hotel no qual estava hospedada. Quando terminei, ainda vestida com as roupas de ginástica, fui ao bufê gratuito do café da manhã, onde, tentando ser boazinha, escolhi ovos cozidos, morangos frescos, iogurte grego e nozes.

O homem atrás de mim na fila não se conteve e comentou, olhando para o meu prato: "Uau, isso parece *muito* saudável".

Obviamente não era um elogio, mas eu apenas ri e respondi: "Não adianta eu me exercitar durante uma hora para depois comer um waffle!"

E a isso (com certa ironia) ele respondeu: "Acho que eu ficaria com o waffle".

Continuamos a conversar e eu expliquei que havia estabelecido a meta de estar na melhor forma física da vida no meu aniversário de quarenta anos. Só faltavam sete semanas, por isso eu não podia bobear.

"É bom ter metas, acho", respondeu ele, "desde que sejam realistas. Não acho bom estabelecer metas grandes demais."

Naquele momento, precisei de cada grama de força de vontade para não gritar: "Você está *muito errado*!"

Não gritei porque não era hora nem lugar para uma discussão gigantesca com um desconhecido aleatório. Mas a verdade é que *seria impossível eu discordar mais!*

Precisamos de grandes metas na vida!

Precisamos de metas que nos motivem e deixem o peito apertado e a barriga gelada. Metas tão grandes que nos assustem um pouco, mas também nos revigorem e nos deixem mais empolgadas para pular da cama de manhã. As grandes metas são o mapa da vida, a bússola que diz que estamos nos deslocando na direção certa.

As grandes metas são a fagulha que acende o fogo dentro de nós!

Já notou que, no início do ano, começamos com a melhor das intenções? É um recomeço, uma lousa limpa, e assim fazemos vários tipos de resolução — uma lista inteira de todas aquelas coisas que queremos realizar.

Mas lá pelo meio de fevereiro toda aquela energia renovada que sentimos no início do ano começa a se esvair. A vida atrapalha. A realidade de todas as responsabilidades cotidianas começa a nos sobrecarregar, e não nos sentimos tão entusiasmados. Perdemos o foco. Trabalhamos numa coisa num dia, noutra coisa noutro dia, e na verdade nunca obtemos ímpeto suficiente em nenhuma área para sentir que realizamos alguma coisa.

Por quê?

Acredito que é porque precisamos de metas *grandes* para realmente fazer coisas *grandes*.

E é exatamente por isso que esse é o primeiro princípio da coragem: **ouse pensar grande.**

Com o passar dos anos, a coisa mais importante que aprendi sobre superar o medo e estabelecer metas eficazes que mudam a vida é que determinar uma série de metas menores que *parecem* alcançáveis é contraproducente para obter grandes resultados.

Você já ouviu falar das metas SMART? Aposto que sim, pois é o senso comum reinante quando se trata de estabelecer metas. Basicamente, é a ideia de que suas metas deveriam ser **E**specíficas, **M**ensuráveis, **A**tingíveis, **R**elevantes e **T**emporais. Ou seja, você deveria saber com exatidão o que está tentando fazer; sua meta deveria ter alguma possibilidade de quantificação; deveria ser algo que você realmente possa conseguir; deveria ser importante para você; e deveria ter um prazo.

Embora o arcabouço das metas SMART pareça muito prático — e é, acho, de certo modo —, com toda essa praticidade ele deixa de fora a parte mais importante de estabelecer metas, a parte que realmente *motivará* e *manterá sua motivação*.

A parte mais importante é *pensar grande* e criar uma meta arrojada que nos force a sair da zona de conforto ou que talvez não acreditemos que seja mesmo alcançável, pelo menos não para nós. É ousado acreditar que somos capazes de fazer mais e ousado nos forçar além dos nossos limites atuais para criar algo extraordinário. É ousado estabelecer metas tão grandes que nos assustam. Que apertam o peito e dão frio na barriga.

Essas são as metas que nos motivarão.

Veja bem, quando estabelecemos metas que parecem seguras e alcançáveis, recaímos nas nossas próprias noções preconcebidas do que somos capazes. Não nos forçamos a sair da zona de conforto; apenas nos contentamos com o que já temos. E não há nada inerentemente motivador nisso. É confortável. É o que sabemos. Não exige que nos esforcemos, mudemos ou trabalhemos mais do que já trabalhamos. Assim, não fazemos nada disso. Na verdade, às vezes — com frequência — trabalhamos menos. Fazemos só o mínimo. Ficamos entediadas e perdemos o foco.

Por outro lado, quando estabelecemos uma meta grande — e nos comprometemos com ela —, tão grande que nos apavora um pouco, nos forçamos a sair da zona de conforto e entrar no desconhecido. É assustador? Claro! Mas também é totalmente revigorante e motivador. Não há nada que nos faça trabalhar mais ou que nos mantenha avançando por mais tempo.

A realidade é que o frio na barriga e o aperto no peito são de *medo*, mas é o tipo *bom* de medo — o tipo de medo que surge quando precisamos fazer coisas que achamos que não conseguiremos.

E se você não se sente assim com as suas metas? Então ouso dizer que as suas metas não são suficientemente grandes! E desafio você a começar a pensar maior e a se forçar só um pouquinho mais.

CORTE O AUTOJULGAMENTO

Quando se trata de pensar grande em relação às suas metas, o primeiro passo necessário é dar a si mesmo a permissão para visualizar todas as possibilidades. Com isso, quero dizer que você precisa se dar liberdade para sonhar alto, sem autorrevisão nem autojulgamento.

E, sendo muito franca, para a maioria de nós essa é a parte mais difícil.

Em geral, nos criticamos o tempo todo e temos muito medo de realmente sonhar com as possibilidades. Dizemos a nós mesmas que os nossos sonhos são idiotas... antes mesmos de sonhá-los.

Ou talvez estejamos tão presas à realidade da vida, ao lugar onde estamos neste exato momento — com todas as responsabilidades, limitações, frustrações e obstáculos —, que não conseguimos nos permitir imaginar, nem que seja por alguns minutos, que a situação poderia ser diferente. Na nossa cabeça, a realidade atual é a única realidade.

Mas não é! Há um mundo inteiro de possibilidades por aí, um número infinito de portas esperando para serem abertas e exploradas, e o único limite para o que você é capaz de fazer, não importa onde esteja na vida agora, é a sua disposição para pensar maior e depois baixar a cabeça e trabalhar.

Portanto, dê-se permissão para sonhar *alto*, sem julgamento nem autor-revisão, e comece a fazer a si mesma perguntas importantes e provocantes como estas:

- O que eu sempre quis fazer?
- O que me interessa ou apaixona e pelo que nunca ousei correr atrás?
- O que eu faria se nada me atrapalhasse?
- O que me motiva ou me empolga a pular da cama pela manhã?
- O que sonhei fazer antes que a vida atrapalhasse?
- Onde eu gostaria de me ver daqui a cinco ou dez anos?
- Qual seria a suprema vida dos sonhos para mim? Como ela é?

Faça a escolha consciente, mesmo que só por alguns minutos, de desligar todas aquelas vozes na cabeça que, instantaneamente, lhe dizem que não é possível, que é burrice ou "quem você pensa que é para pensar em algo assim?". Simplesmente desligue e sonhe. Não se detenha. Não se preocupe com o que é possível ou impossível. Não se preocupe com o modo de chegar lá. Não se autorrevise. Permita-se imaginar as possibilidades mais loucas, mesmo que sejam malucas e irreais.

Dê a si mesma permissão para pensar grande.

VONTADE DE QUERER ALGUMA COISA

Embora na teoria pareça fácil, eu sei que na prática a ideia de estabelecer metas grandes é mesmo dificílima para muita gente (*principalmente* para as mães!). Falo com muitas amigas que me dizem que passaram tanto tempo cuidando de todo mundo em volta que acham que se perderam no processo. Nem sabem direito o que querem ou o que deveriam querer.

Na verdade, há poucos meses uma amiga me contou que deve estar deprimida, porque se sente muito *sem objetivo*. Nos últimos catorze anos ela se dedicou a ser mãe, mas agora os filhos estão ficando maiores e mais independentes, e ela não tem ideia do que fazer consigo mesma e nem de quem realmente é, além de "mamãe".

"Quero fazer algo importante", disse ela, "algo que me interesse. Vejo todas essas mulheres fazendo coisas muito legais, mas não faço ideia de qual seria a minha coisa."

Outra amiga resumiu o mesmo sentimento quando me disse: "Só tenho vontade de querer alguma coisa".

O que percebi depois é que essa declaração já *é*, por si só, uma grande meta! Para ser franca, é uma meta imensa — talvez a maior de todas. Ousar descobrir o seu objetivo definitivamente não é para os fracos de coração.

No entanto, se você já se ouviu dizendo algo parecido, pode significar apenas que descobrir quem você é e o que você quer é a grande meta na qual precisa trabalhar neste momento. Pode significar reservar algum tempo para si — planejar um retiro pessoal ou um dia ou dois longe, só para pensar. Pode significar fazer um diário ou ler livros ligados a alguns tópicos que lhe interessem. Pode significar fazer aulas ou ir a uma palestra. Pode significar buscar orientação e até contratar um coach de vida.

Mas primeiro você terá de ver isso como uma grande meta, talvez a maior da sua vida, e se dedicar a ela dessa maneira.

A AÇÃO É O ANTÍDOTO DO MEDO

É claro que, depois de identificar essa sua grande meta, há outro passo fundamental: você precisará agir e executar. Uma meta não é nada sem ação, e, por mais que a sua grande meta pareça assustadora ou impossível no começo, garanto que a ação — qualquer ação, por menor que seja — é o modo mais rápido de superar a hesitação. Lembre-se: *a ação é o antídoto do medo.*

Agir significa que você precisará reorganizar os seus horários e pôr a sua grande meta em *primeiro* lugar todos os dias, e então começar a fazer o que for necessário para transformá-la em realidade. Pode significar se levantar mais cedo todos os dias. Pode significar dizer não a outras oportunidades e distrações menores que atrapalharão a grande meta. Às vezes pode significar dizer não a coisas que você realmente quer fazer.

Pode significar fazer um curso ou voltar à escola, procurar outro emprego ou correr outro tipo de risco. Pode significar um investimento financeiro em suprimentos, treinamento ou viagens. Pode significar, claramente, reservar tempo toda semana — talvez até todo dia — para chegar um passo mais perto da linha de chegada.

Sem dúvida, vai significar cavar mais fundo para continuar avançando quando a estrada ficar acidentada ou quando surgirem obstáculos no caminho e desenvolver garra e fazer ouvido de mercador para quando as pessoas não entenderem. Quando você estiver plenamente comprometida a tornar realidade a sua grande meta, essas coisas não parecerão fardos nem imposições. Você as fará de boa vontade, sabendo que a estrada nem sempre será fácil, mas que valerá a pena.

No meu caso, quando estava construindo a minha empresa do zero, estabelecer a minha primeira grande meta exigiu que eu me levantasse às três horas da manhã todos os dias, até nos fins de semana, para encontrar tempo para trabalhar nessa empresa iniciante e também ser mãe. Exigiu aprender tudo o que eu podia sobre a criação de um negócio digital e tentar coisas novas constantemente para ver o que daria certo, em geral fracassando em nove de cada dez vezes. Exigiu que eu saísse *muito* da minha zona de conforto para frequentar conferências, buscar novas oportunidades e até fazer vídeos patetas no YouTube sobre as minhas aventuras de compras com cupons de desconto. Exigiu sacrificar muito tempo livre, tempo de diversão e tempo com amigas.

Mas para mim sempre valeu a pena, mesmo que nem sempre fosse divertido ou confortável no momento. No fim, esses sacrifícios deram certo de um jeito que eu nunca conseguiria começar a imaginar. Em 2013, dois anos e meio depois de abrir a empresa por capricho, o meu marido pôde largar o emprego, e aquela meta original maluca e impossível se tornou realidade, abrindo caminho para metas ainda maiores e mais malucas.

E, mesmo que não tivesse acontecido assim, acho que não me arrependeria de todos os sacrifícios que fiz nem dos que continuo a fazer até hoje — nem por um minuto. Eu ficaria muito orgulhosa de ter tentado. E a verdade é que a maior parte da alegria da minha jornada até agora veio da luta, dos desafios que tive de enfrentar e dos obstáculos que tive de superar.

Porque essas grandes metas, mesmo quando não as atingimos plenamente, são o que fazem a vida valer a pena! *Elas* são as coisas que provocam a nossa paixão e nos deixam empolgadas para pular da cama de manhã! *Elas* são as coisas que nos fazem continuar avançando, mesmo nos momentos sem graça, nos momentos difíceis ou dolorosos.

Essas grandes metas — as que nos forçam a nos esforçar, empurrar e brigar — são as que nos dão poder para criar a vida que *queremos*, não só que toleramos.

Portanto, aja. Ouse pensar *alto*.

Porque as metas arrojadas são o segredo para se motivar e se manter motivada.

capítulo nove

regras são para otários

porque você nunca deveria ter medo
de pensar com a própria cabeça

Quando crescemos, é comum que nos digam que o mundo é como é e que a vida consiste simplesmente em viver dentro desse mundo. Tente não bater muito contra as paredes. Tente ter uma boa vida familiar, se divertir, guardar algum dinheiro. Essa vida é muito limitada. A vida pode ser muito mais ampla quando descobrimos um fato elementar: tudo em volta do que chamamos de vida foi feito por pessoas que não eram mais inteligentes do que nós. E é possível mudar a vida, influenciar... Quando souber disso, você nunca mais será o mesmo.
Steve Jobs

Regras são para otários.

Soa muito rebelde, não é?

O engraçado é que esse meu mantrazinho começou como uma piada. O meu marido e eu estávamos discutindo alguma reportagem do noticiário — não consigo me lembrar dos detalhes; era mais uma história de alguém que desrespeitou todas as regras e, além de se safar, ainda se deu bem. A pessoa venceu *porque* desrespeitou as regras.

"Ah, querido", falei, "você não sabia que regras são para otários?" Ambos rimos e passamos ao próximo tópico de conversa. Mas pouco tempo depois ele surgiu de novo. Outra reportagem. Outra pessoa desrespeitando as regras e se dando bem. Outro exemplo de que pensar fora da caixa é o segredo do sucesso.

Várias e várias vezes, me vi dizendo: "Regras são para otários".

Por fim, comecei a usar a frase. Porque a questão é que eu acho que já sabia disso.

Veja bem, quando eu tinha vinte e poucos anos, passei por uma depressão terrível, completamente incapacitante. Tentei me matar várias vezes, e a pior tentativa me deixou em coma, ligada a aparelhos, com menos de 10% de probabilidade de acordar. Eu estava péssima.

Durante essa depressão, passei mais de *dois anos* entrando e saindo de hospitais psiquiátricos. Eu tinha perdido toda a esperança e todo o senso de propósito.

Mas nesse período eu também perdi toda a noção do que significa jogar segundo as regras.

Na maior parte do tempo, todos operamos dentro de um conjunto de normas estabelecidas. Falamos de certo jeito, nos vestimos de certo jeito, seguimos instruções, nos autorrevisamos e nos autorregulamos. Não ousamos bagunçar o coreto. Prestamos atenção ao que todos fazem e tentamos manter o nosso comportamento na mesma linha. Em resumo, a maioria de nós é formada por seguidores de regras, percebamos isso ou não.

No entanto, quando me vi naquele hospital psiquiátrico pela primeira vez, a parte de mim que ainda estava sã reconheceu que eu tinha ido até o fundo do poço e que de repente as regras não se aplicavam mais. Na verdade, no hospital os pacientes perambulavam de roupão, se balançavam nos cantos, diziam palavrões, faziam cara feia e choravam em público. Às vezes jogavam longe as cadeiras só para se divertir. Pessoas malucas não se encaixam nas normas estabelecidas. Então, assim que entrei na Terra da Insanidade, não tive de me preocupar com o que os outros estavam fazendo.

De um jeito que dava medo, foi estranhamente libertador.

Embora eu tenha me recuperado daquela depressão há um bom tempo e já faça mais de quinze anos que voltei ao mundo das pessoas "normais", aquela lição eu não esqueci.

Regras são para otários. E esse é o segundo princípio da coragem.

É até um princípio que ensino às minhas filhas, e muita gente me diz que isso é uma loucura total. "O que você vai fazer quando isso sair pela culatra e elas deixarem de lhe dar ouvidos?", perguntam.

Na verdade, só estou esperando o dia em que o diretor vai ligar porque uma das meninas (tenho bastante certeza de que será a caçula) decidiu compartilhar essa pequena filosofia de vida na hora errada. Portanto, me deixem esclarecer.

O que estou *realmente* ensinando às minhas filhas não é que *todas* as regras são idiotas. Eu digo a elas que há muitas regras muito boas por aí. Regras importantes que *devemos* seguir. Mas também há muitas regras burras, que não têm sentido, que os outros criaram só para se sentirem relevantes ou porque as coisas sempre foram feitas assim ou porque faziam sentido na época em que foram criadas mas agora não fazem mais.

O que eu quero que elas desenvolvam é um ceticismo saudável e a disposição para questionar a autoridade e o que foi estabelecido. Não quero que obedeçam cegamente só porque alguém lhes disse que era a regra. Quero que saibam que é bom seguir o próprio caminho.

ADOTE O BOM SENSO

Agora você já deve ter notado este fato simples: o fato de alguém dizer que uma coisa é verdade, porque apareceu na internet ou porque "todo mundo" repete como se fosse um fato, não torna isso *realmente* verdadeiro.

É aí que o velho bom senso à moda antiga e a capacidade de pensamento crítico são tão importantes. Na próxima vez que ouvir algo que "todo mundo" está dizendo — ou temendo —, pergunte-se: *Isso faz mesmo sentido? É a crise ou emergência que todos fazem parecer que é? Pode haver um ponto de vista diferente?*

Não sei quanto a você, mas sinto que o surgimento da internet e das mídias sociais teve uma correlação direta com a perda do bom senso. Em muitas áreas diferentes da vida, há uma mentalidade de que "o céu está caindo" em praticamente tudo.

Quando estava grávida da minha primeira filha, entrei num fórum na internet chamado BabyFit, um lugar onde milhares de futuras mamães, a maioria delas de primeira viagem, discutia tudo o que tinha a ver com gestação e parto, *ad nauseam*.

A questão é: senti que tinha encontrado o meu espaço quando fui parar naquela sala de bate-papo em agosto de 2006. Estar grávida pela primeira vez parecia absolutamente estranho. Eu me sentia perdida e sozinha e estava desesperada para ouvir que aquilo que sentia era normal e "tudo bem". Por ser mãe de primeira viagem, também queria ter certeza de que estava fazendo tudo certo.

Assim, umas quarenta vezes por dia eu entrava para conversar com as minhas novas amigas sobre tudo o que tinha a ver com a gestação, perguntar, ler e responder a todas as perguntas que as outras tinham feito.

Ah, o drama! Pelo menos uma vez por dia havia alguma crise para me apavorar — se o bebê não estava se mexendo o suficiente, ou se eu não estava me exercitando direito, ou se deixar o cachorro dormir na minha cama faria mal ao bebê ou que marca de vitamina pré-natal eu deveria tomar ou se os meus tornozelos estavam inchando demais.

Ficou ainda pior quando agosto acabou e todas finalmente começamos a dar à luz. Primeiro houve os planos para o parto, o drama do nascimento e as histórias detalhadíssimas para contar, seguidas imediatamente por um milhão de novos temores com os bebês para nos preocuparmos. Houve extensos debates, muitas vezes acalorados, sobre dormir junto, amamentar, gerar apego e todos os jeitos de causarmos dano permanente às crianças pelas quais agora éramos responsáveis.

E eu aceitava como verdade absoluta todos os conselhos que recebia. Afinal, se todo mundo dizia, todas aquelas coisas tinham de ser verdadeiras. Não é?

Certo dia, o meu marido, Chuck, que até aquele momento fora muito paciente com uma gestação cheia de hormônios e os meus pavores diários de nova mamãe, não aguentou mais. Ele explodiu.

"Por que você perde tanto tempo ouvindo essas mulheres aleatórias na internet?", perguntou. "Você não sabe que elas não sabem o que estão fazendo, iguaizinhas a você? As pessoas têm filhos há milhares de anos, desde muito antes do BabyFit. A gente descobre!"

Embora eu não fosse capaz de admitir na época, pelo menos não para ele, em pouco tempo percebi que Chuck tinha razão. Eu estava tão exausta por ser uma mãe de primeira viagem e me sentia tão nervosa e insegura com a minha capacidade que jogara fora todo o bom senso e todo o instinto. A responsabilidade parecia imensa e eu estava tão apavorada que me dispus a acreditar que os outros tinham as respostas para perguntas a que eu mesma deveria ser capaz de responder.

Um pouco depois daquela explosão, abandonei a sala de bate-papo de uma vez por todas e resolvi confiar no meu instinto e no bom senso. E quer saber de uma coisa? A minha filha Maggie está com quinze anos e vai muito bem. Tomei todas as decisões corretas pelo caminho? De jeito nenhum. Dei muitos passos estúpidos como mãe, e tenho certeza de que continuarei a errar com alguma regularidade. Mas aprender a confiar no meu instinto e começar a usar o bom senso foi claramente o passo correto. E vou lhe contar: é muito menos estressante também!

Embora esse possa ser um exemplo extremo, descobri que o mesmo tipo de roteiro se desenrola na vida o tempo todo, seja no trabalho, na igreja, no noticiário. As pessoas adoram seguir a boiada, e é fácil se envolver no ímpeto de um ponto de vista popular e esquecer que é sempre importante parar e se perguntar se o que "todo mundo" está dizendo é mesmo verdade.

QUESTIONE A AUTORIDADE

Assim como precisamos de ousadia para confiar na nossa intuição e usar o bom senso quando se trata de interações entre as pessoas e de pensamento de grupo, também precisamos questionar as regras que vêm de uma posição de poder ou autoridade.

E às vezes isso é difícil, sobretudo se a vida toda nos disseram para fazer exatamente o contrário. Dizem que devemos respeitar a autoridade, jogar segundo as regras e ficar na fila para não termos problemas.

Mas a autoridade vem de lugares diferentes; há autoridade no governo e nas regras que temos de seguir para sermos cidadãos respeitadores da lei. Há autoridade no local de trabalho e nas regras que temos de seguir no emprego. Há a autoridade que vem de Deus e as regras que seguimos como parte de nossa fé. Também há a autoridade que vem de pais, treinadores, mentores ou outras pessoas em posição de liderança acima de nós. E a maior parte dessa autoridade é legítima. Nem toda autoridade é ruim. Nem todas as regras são ruins. Na verdade, sem algumas regras e normas estabelecidas de comportamento aceitável haveria um caos total. Nenhum de nós quer viver num mundo que pareça uma versão de *The Walking Dead*.

Mas também nem toda autoridade é boa, e poucos param para pensar na diferença. Normalmente aceitamos sem questionar as regras passadas pelas figuras de autoridade na nossa vida. Talvez nem sempre gostemos, mas não questionamos.

Seguir as regras é a opção-padrão, uma parte do nosso instinto natural de sobrevivência. Questionar o chefe ou ignorar as regras pode nos levar a um rebaixamento ou demissão, e é por isso que entramos na linha. Desobedecer à lei pode nos levar à prisão, e ficamos longe de problemas.

E quando a autoridade erra? E quando a regra vai contra a nossa melhor avaliação ou, pior ainda, a nossa consciência? Ousamos questioná-la?

Um experimento famoso foi realizado na Universidade Yale na década de 1960 para testar isso. O pesquisador Stanley Milgram queria estudar a disposição dos participantes para obedecer a uma figura de autoridade que os mandava fazer algo que conflitava com a sua consciência pessoal.

No experimento, disseram aos participantes que eles assistiam a um estudo sobre a memória e que a sua tarefa era ministrar choques elétricos de voltagem crescente sempre que a pessoa cuja memória estavam testando respondesse de forma incorreta. Na verdade, essa pessoa era um ator, e não havia choque nenhum. À medida que os choques aumentavam, o ator gritava mais e mais alto até que, na voltagem máxima, ele se calava, como se tivesse desmaiado.

Quando os participantes exprimiam relutância em continuar ministrando os choques, o facilitador lhes dizia coisas como: "Por favor, continue" e "O experimento exige que você continue". O que Milgram descobriu foi bem chocante. Sessenta e cinco por cento dos participantes continuaram ministrando os choques, mesmo quando não queriam, e ficavam claramente pouco à vontade com aquilo.[1]

Desde então, esse estudo foi reproduzido muitas vezes de várias maneiras, e o resultado é constante. Em regra, dois terços dos participantes continuam agindo de modo que contradiz diretamente a sua consciência ou melhor avaliação quando são dirigidos a assim fazer por alguém em posição de autoridade.

Bem assustador, não é? É ainda mais assustador quando você descobre que a ideia desse experimento foi o Holocausto. Milgram não conseguia entender por que tantos na Alemanha nazista participaram de boa vontade de atos tão atrozes. Mas participaram.

Nem toda autoridade é ruim, mas nunca deveria ser aceita às cegas nem simplesmente admitida como tal. Em última análise, é nosso dever assegurar que pelo menos estejamos dispostos a questioná-la, mesmo quando não for confortável.

OUSE SER DIFERENTE

Seja franca: quantas vezes você ousa pensar fora da caixa? Só porque algo sempre foi feito de determinado modo não significa que sempre tenha de ser feito assim. Se você pensar bem, quase toda grande invenção e avanço tecnológico da nossa sociedade aconteceu porque alguém ousou ser diferente ou fez algo de um jeito completamente novo.

Mas é difícil ser diferente. Nenhum de nós quer ser considerado estranho ou esquisito nem se expor a críticas ou ao ridículo. Ainda assim, por que não? Porque, quando pensamos bem, o que de fato temos a perder? Por que não forçar os limites e ver até onde conseguimos ir? Por que não tentar algo novo? O que de pior pode acontecer?

Pouco depois de abrir o meu negócio, fui convidada a participar de uma colaboração de donos de empresas virtuais que parecia muito prestigiada, patrocinada por uma companhia bem grande.

Por ser muito caloura no mundo empresarial, achei que eu *tinha dado certo*, em especial quando essa empresa decidiu lançar uma iniciativa inteiramente nova e me ligou para me convidar para participar do lançamento beta, que era meio que o *supergrupo* de elite dentro do grupo de elite. Pelo que entendi, como parte dessa nova iniciativa, eles promoveriam loucamente a mim e à minha empresa, e, ao que parecia, eu ganharia *muito* dinheiro. Fiquei em êxtase.

Mas havia uma pegadinha.

Veja bem, nesse grupo havia um pequeno subgrupo de quatro mulheres que exerciam muito poder. As empresas delas eram bem estabelecidas e conhecidas e, se fosse na quinta série (acredite, às vezes parecia que era), essas mulheres seriam as meninas populares, as meninas que todas as outras queriam ser.

Infelizmente, a partir do momento em que nos conhecemos (num jantar de sushi bastante esquisito), essas quatro mulheres não gostaram de mim. Não sei por quê. Talvez achassem que eu não merecia estar lá. A minha empresa nova em folha não era nada comparada com as delas. Talvez me achassem alta demais. Talvez só fossem garotas más. Talvez fosse porque eu nunca fizera parte "do grupo". Tantos anos depois, ainda não faço ideia.

Mas elas eram poderosas, ou pelo menos assim parecia na época, e esse subgrupo de quatro mulheres convenceu a companhia a contratá-las como assessoras para administrar a nova iniciativa.

A primeira coisa que fizeram foi me desconvidar.

Fiquei arrasada.

Senti que a minha vida tinha acabado. O que parecia uma passagem para o sucesso de repente acabou.

E, novamente, foi o meu marido quem me ajudou a recuperar o bom senso.

"Por que você dá importância ao que essas pessoas más pensam de você?", perguntou ele. "*Quem se importa* com o que os outros estão fazendo? É melhor para você fazer as suas coisas do seu jeito. Basta ser *você*."

E, de novo, ele estava certo.

Assim, mais uma vez, aceitei o conselho dele. Saí do grupo, parei de tentar imitar o que todo mundo no meu setor estava fazendo e comecei a fazer as minhas coisas sempre do meu jeito.

Em consequência, a minha empresa cresceu exponencialmente.

Mais ainda, todas as pessoas com quem falei e que participaram daquela iniciativa da qual fui desconvidada odiaram tudo. Na verdade, para muitas acabou sendo uma enorme distração durante anos que não fez as suas empresas crescerem como prometido e lhes trouxe pouquíssimo dinheiro. Enquanto a minha empresa decolava, as delas ficaram estagnadas. E muitas chegaram a desistir e abandonar por completo os seus negócios.

Uma delas poderia ter sido eu.

Em vez disso, ainda bem que nesse momento eu percebi que, além de não haver problema nenhum em fazer as coisas do seu jeito, na maior parte das vezes isso é muito, *muito* melhor.

Porque regras são para otários.

Nem sempre é fácil ir contra a multidão ou usar a cabeça e adotar o bom senso quando o resto do mundo está sendo movido pela emoção e pelo medo.

É preciso coragem real para questionar a autoridade e sair da caixa quando todo mundo lhe manda ficar lá dentro.

Mas as regras deles não precisam ser as suas. Aliás, nem as minhas!

Portanto, ouse forjar o seu próprio caminho. Porque você *nunca* deveria ter medo de pensar com a própria cabeça.

capítulo dez

assuma sempre

porque você tem total controle das escolhas que faz

> No longo prazo, nós moldamos a nossa vida e moldamos a nós mesmos. O processo só termina quando morremos. E as escolhas que fazemos, no fim das contas, são responsabilidade nossa.
>
> *Eleanor Roosevelt,*
> You Learn by Living
> [Você aprende vivendo, em tradução livre]

Em outubro de 2014, Allison Toepperwein juntou coragem para sair de um casamento tóxico e recomeçar como mãe solo. Foi doloroso, assustador e difícil, e ela realmente não conseguia imaginar que o seu ano pudesse piorar.

Estava errada.

Poucos meses depois, com apenas 34 anos, ela recebeu o diagnóstico de Parkinson precoce, uma doença devastadora para a qual ainda não há cura. Agora criando sozinha a filha pequena, de repente Allison teve de enfrentar a possibilidade muito real de não poder cuidar da menina por muito tempo.

Ela ficou arrasada.

Naquela noite, véspera do Ano-Novo de 2014, ela chorou até dormir, se perguntando se seria capaz de continuar.

Mas, quando acordou na manhã seguinte, o sol brilhava pela janela e havia um ano novinho em folha começando. Naquele momento, Allison decidiu que não importava se o diagnóstico fosse arrasador ou se o prognóstico fosse péssimo. Ela faria tudo o que estivesse ao seu alcance.

Allison marcou consulta com um dos principais neurologistas do país, um médico que nos últimos vinte anos não fizera nada além de estudar a doença de Parkinson. Ele lhe disse que, embora não houvesse cura, a única coisa que comprovadamente desacelerava o avanço da doença era o exercício.

Assim, Allison começou a se exercitar, embora quase não tivesse energia. Começou subindo a escada da arquibancada da quadra da escola local, aos poucos obtendo forças para fazer um pouquinho mais de cada vez. Espantosamente, o exercício lhe deu mais energia, e ela continuou se forçando a fazer cada vez mais.

Por fim, ficou em tão boa forma que foi convidada a aparecer não uma vez, mas duas, no programa de TV *American Ninja Warrior* — a primeira pessoa com Parkinson a fazer isso —, e no processo inspirou milhares de outros que combatem a mesma doença.

É uma história espantosa, inspiradora em muitos aspectos, mas principalmente porque Allison é um exemplo incrível de alguém que se recusou a deixar que as circunstâncias ditassem quem ela se tornaria. Ela reconheceu que, embora não pudesse controlar tudo, podia controlar a maneira como avançava e como reagia aos obstáculos do caminho. Allison se recusou a se ver como vítima indefesa do azar e decidiu ir com tudo e tirar o máximo daquilo que recebera.

Allison Toepperwein assumiu a responsabilidade total e completa por sua vida. É uma lição que todos podemos aprender. Na verdade, é o nosso terceiro princípio da coragem: **assuma sempre**. Em outras palavras: pare de se fazer de vítima.

PARE DE SE FAZER DE VÍTIMA

Não gostamos de nos ver como vítimas. Afinal, essa é uma palavra bem forte, com muitas conotações negativas. As vítimas são fracas. As vítimas são reclamonas. As vítimas estão condenadas a ser, bom, *vítimas*.

Ainda assim, com muita frequência nos fazemos de vítimas *sem nem perceber*. As racionalizações que fazemos para explicar por que não conseguimos sucesso, por que não podemos correr atrás das nossas metas e dos nossos sonhos ou por que não fazemos o que realmente queremos estão tão perto da superfície como parte da nossa narrativa interna que saem antes mesmo de percebermos o que estamos dizendo. São uma parte tão integrada da nossa história que nem chegamos a reconhecer que estamos inventando desculpas.

Como parte da pesquisa para este livro, a minha equipe perguntou aos participantes: "O que você acha que atrapalha a realização dos seus sonhos ou o cumprimento das suas metas?"

Eis uma amostra das respostas mais comuns:

- "Sentir culpa por não passar tempo com a família."
- "Excesso de outras obrigações importantes."
- "Dinheiro e oportunidade. A hora tem de ser a certa."
- "A nossa família tem dificuldades com a segurança financeira."
- "Tenho de trabalhar em horário integral para manter o meu plano de saúde."
- "Outros membros da família, amigos, a sociedade e o meu emprego."
- "Falta de condições financeiras e de tempo."
- "O meu marido impõe obstáculos."
- "Falta de energia por causa de deficiências físicas."
- "Falta de tempo. Necessidade de mais estudos."
- "A comida é péssima em casa, não tenho tempo suficiente para me exercitar."
- "A minha atual situação familiar, falta de dinheiro e falta de sono."
- "Problemas de saúde novos e recorrentes."
- "O meu marido faleceu há seis meses. Ele fazia parte das minhas metas e dos meus sonhos. Acho que estou deprimida e tenho problemas de saúde."
- "Pouca autoestima, um cônjuge que não me apoia, contas demais a pagar."

Mais de 10% dos entrevistados citaram o dinheiro ou os problemas financeiros como o que mais os impedia de progredir.; 10% culparam a família ou o cônjuge; 10% culparam a falta de tempo; e outros 5% citaram problemas de saúde, excesso de peso ou falta geral de energia.

À primeira vista, a maioria dessas razões parece perfeitamente legítima. Afinal, quem condenaria a pessoa que lida com um problema de saúde ou uma deficiência física e não corre atrás das suas metas? Como alguém em dificuldades financeiras graves pode pensar em ideais inatingíveis? Como alguém pode sonhar alto enquanto enfrenta problemas graves na família?

Esses são problemas *reais*. Adversidades *verdadeiras*. Obstáculos *genuínos*. Mas uma boa desculpa ainda é uma desculpa.

E, enquanto procurar uma razão para não fazer, você vai achar.

As desculpas são ilimitadas para todo mundo. Sim, algumas pessoas têm um caminho mais difícil. E, sim, às vezes a vida não é justa. Mas se queixar e reclamar não muda nada, e garanto que há muita gente por aí com dificuldades ainda maiores.

Por outro lado, não é preciso se esforçar muito para ver que o mundo está cheio de gente inspiradora que derrotou as probabilidades e superou adversidades extremas para realizar coisas incríveis.

Oprah Winfrey nasceu de uma mãe solo, pobre e adolescente na região rural do Mississippi. Vítima de abuso e negligenciada quando criança, ela deu à luz com catorze anos, mas o bebê morreu pouco depois de nascer. Contra todas as probabilidades, Oprah recebeu uma bolsa integral na faculdade, mas foi demitida do primeiro emprego e lhe disseram que nunca seria jornalista.

J. K. Rowling era uma mãe solo e quase falida quando escreveu o primeiro rascunho de *Harry Potter e a pedra filosofal*, com dificuldade para pagar as contas enquanto ainda trabalhava para dar vida a essa grande ideia. Quando enfim terminou de escrever, o livro foi rejeitado por doze editoras até que uma finalmente decidiu lhe dar uma chance. Esse se tornou o livro infantil mais vendido de todos os tempos.

Bethany Hamilton estava a caminho do estrelato no surfe quando o impensável aconteceu: ela perdeu o braço com o ataque de um tubarão e quase morreu. A maioria das adolescentes desistiria diante de uma lesão tão arrasadora, mas não Bethany. Ela reaprendeu a surfar e acabou vencendo vários campeonatos profissionais.

Kris Carr tinha a vida dos sonhos — jovem, bonita, bem-sucedida como executiva de marketing — quando recebeu o diagnóstico de câncer incurável em estágio IV: uma pena de morte. Em vez de aceitar o diagnóstico calada, ela buscou segundas, terceiras e quartas opiniões antes de decidir mudar radicalmente de vida, adotar uma alimentação vegana e buscar tratamentos holísticos. Hoje, quinze anos depois, ela se sente mais saudável do que nunca.

O que todas essas pessoas inspiradoras têm em comum é o fato de terem se recusado a deixar que as circunstâncias ditassem quem elas se tornariam. Reconheceram que, embora não pudessem controlar tudo, podiam controlar como avançavam e como reagiam aos obstáculos do caminho.

Nada do que fizeram foi milagroso. Não tinham nenhum superpoder. Eram apenas pessoas comuns que tomaram a decisão de parar de se fazer de vítimas.

PARE DE ESPERAR PELO RESGATE

Vivemos numa cultura que idolatra os heróis pelos resgates ousados e salvações dramáticas. A ideia do herói está tão entranhada no nosso pensamento que é difícil imaginar uma história sem ele. Na verdade, o herói é o x de todos os contos de fadas. A donzela em perigo tem um belo príncipe que vai salvá-la. Cinderela tem a fada madrinha. Até Aladim tem um gênio que lhe concede três desejos.

Toda grande história precisa de um herói. Não é?

Embora essa possa ser a matéria-prima dos contos de fadas, a necessidade de um herói e o desejo de ser salva são ideias que também se infiltram na nossa vida cotidiana. Você já se viu desejando ser notada ou, melhor ainda, tirada milagrosamente do seu estado atual e colocada em outro melhor?

Talvez quisesse que o seu chefe reconhecesse o seu esforço e lhe desse aquela promoção que você tanto deseja. Ou talvez que o seu pai, a sua mãe ou um amigo lhe oferecesse orientação ou ajuda para tirá-la de onde está ou simplesmente visse que você precisa de uma ajudinha pelo caminho. Talvez você torça em segredo para ser descoberta por causa de um talento que ainda não mostrou ao mundo. Quem sabe gostaria que alguém — um terapeuta, um pastor, um coach, *qualquer um* — lhe mostrasse o caminho.

Não seria legal se pudéssemos encontrar *alguém* que nos salvasse de nós mesmas?

Mas aí está o problema de esperar o resgate: a vida não funciona assim! Na maior parte das vezes, as pessoas que nos cercam estão ocupadas demais tentando resolver a própria vida ocupada, caótica e frustrante para se preocupar em salvar você da sua. E, no fim das contas, isso transforma a espera do resgate em mais uma desculpa! Igual a se fazer de vítima, dizer a nós mesmas que não podemos fazer algo porque não temos ninguém para nos ajudar pelo caminho é só mais uma grande mentira.

Você não precisa de um herói. Você *não* é uma donzela em perigo!

E esperar pelo resgate não vai levá-la a lugar nenhum. Quer aquela promoção? Trabalhe para merecer e depois peça. Está se sentindo presa? Comece a fazer algo — qualquer coisa — de forma diferente e tome as providências necessárias para se libertar. Tem um talento que quer desenvolver? Então desenvolva. Grave a música. Escreva o livro. Arranje um agente. Vá e faça. Lembre-se: a ação é o antídoto do medo, e, no fim das contas, a única coisa que a impede é *você*.

Porque, quer saber? Você que é a heroína da sua história!

REASSUMA O CONTROLE

"Não foi minha culpa!"

Deixe eu dizer uma coisa: se ganhasse um dólar toda vez que as minhas filhas dissessem essas quatro palavrinhas, eu seria milionária! Pelo menos uma vez por dia — em geral muito mais — precisamos de alguma discussão sobre assumir a responsabilidade, perceber que as ações têm consequências e que, embora nem sempre se possa controlar o que acontece ou o que os outros fazem, é possível controlar a maneira como reagimos às situações..

Como mãe, às vezes me sinto como um disco arranhado e me vejo imaginando se algum dia elas vão entender. Se tem filhos, provavelmente você se identifica. Mas a realidade é que assumir de forma completa e total a responsabilidade por tudo o que acontece na nossa vida é uma lição duríssima para todos nós.

Afinal, é da natureza humana culpar os outros ou as circunstâncias quando algo dá errado ou quando não atingimos as nossas metas e expectativas. A nossa primeira tendência é reclamar da maneira como fomos tratadas ou de como as coisas se amontoaram contra nós — o tratamento injusto, as circunstâncias trágicas, a falta de dinheiro — e inventar uma desculpa, justificativa e racionalização atrás da outra.

É muito mais fácil apontar o dedo para as circunstâncias externas do que admitir as nossas próprias limitações. E, sem dúvida, é mais fácil desistir quando as coisas ficam difíceis, ainda mais quando temos uma desculpa perfeitamente legítima para não continuar. Quem nos condenaria por jogar a toalha?

Mas é por isso mesmo que assumir a responsabilidade pelo modo como você reage a tudo que lhe acontece é um ato de coragem. É dar fim às justificativas e se recusar a jogar a culpa das suas circunstâncias em quem a magoou, às coisas terríveis que lhe aconteceram ou no fato de você ter sofrido com a morte, doenças ou tragédias da vida, uma falência, a perda do emprego ou uma deficiência física permanente.

Não só isso: é fazer a escolha diária de aceitar a responsabilidade pelas suas decisões sem procurar algo ou alguém para culpar. É admitir a verdade simples de que, sejam quais forem as circunstâncias, você está no controle do modo como reage a cada dia, todos os dias.

Você se lembra do conceito do *locus* de controle do Capítulo 6? No livro *Mais rápido e melhor*, Charles Duhigg fala da importância desse conceito quando se trata de fazer as coisas e de cumprir as nossas metas. Ele explica a diferença entre ter um *locus* de controle interno (acreditar que você está no controle das próprias escolhas) e um *locus* de controle externo (acreditar que as suas escolhas estão além do seu controle) e o impacto que isso causa na nossa vida.

Não surpreende que as pessoas que têm um *locus* de controle interno sejam muito mais motivadas, produtivas e bem-sucedidas na vida. Assim, tornar-se mais motivada muitas vezes é uma simples questão de assumir a responsabilidade pelas suas escolhas. Como Duhigg explica, "para nos ensinar a nos automotivar com mais facilidade, precisamos ver as nossas escolhas não como simples expressões de controle, mas como a afirmação dos nossos valores e metas".[2]

Duhigg continua explicando que moradores de casas de repouso que se "rebelam" e questionam as regras estritas e os horários rígidos na verdade vão muito melhor em termos físicos e mentais do que os moradores obedientes que só aceitam tudo. Como seres humanos, somos programados para fazer escolhas e exercer o controle sobre o nosso ambiente.

Além disso, embora pareça assustador, essa ideia de assumir a responsabilidade total e completa sobre a própria vida e as suas circunstâncias é incrivelmente libertadora. Quando assume a responsabilidade, você não tem de se preocupar com o que lhe acontece, com o modo como os outros a tratam ou com os obstáculos que podem surgir, porque, afinal de contas, você está no controle.

Ah, não me entenda mal; ainda haverá obstáculos pelo caminho. Você ainda enfrentará adversidades e cometerá erros. Haverá tropeços e acidentes, haverá quem a trate de forma injusta. Mas isso não importa, porque você não é mais vítima das circunstâncias. Ainda está no controle completo de como escolhe reagir.

No livro *Responsabilidade extrema*, Jocko Willink e Leif Babin, ex-integrantes da força SEAL da Marinha americana, discutem com detalhes esse conceito de aceitar a plena responsabilidade e, principalmente, sua importância na liderança. Com base na experiência em combate, eles escrevem:

> Como indivíduos, geralmente atribuímos o sucesso dos outros à sorte ou às circunstâncias e inventamos desculpas para nossos próprios fracassos e para os fracassos de nossa equipe. Jogamos a culpa de nosso mau desempenho no azar, em circunstâncias fora de nosso controle ou em subordinados incompetentes — qualquer um, menos nós. A responsabilidade total pelo fracasso é difícil de aceitar, e assumi-la quando a situação vai mal exige humildade e coragem extraordinárias. Mas essa exatamente é uma necessidade absoluta para aprender, crescer como líder e melhorar o desempenho da equipe.[3]

Na verdade, tomar a decisão de sempre assumir a responsabilidade, não importa o que aconteça, e assumir a plena responsabilidade pelo que a vida joga no nosso caminho pode ser a coisa mais corajosa que você fará.

Porque não se engane: isso vai muda tudo.

Você não terá mais ninguém a culpar a não ser a si mesma. Terá de parar de se fazer de vítima e de deixar que as desculpas a atrapalhem e a impeçam de seguir em frente. Terá de parar de esperar que alguém lhe mostre o caminho. Terá de escolher ser o seu próprio herói. E não vai ser fácil. Mas é incrivelmente empoderador.

Porque, quando sempre assume, você tem o controle completo de todas as escolhas que faz.

capítulo onze

adote o feedback sincero

porque todo mundo precisa da verdadeira responsabilização

> Um grupo de homens que não presta contas a ninguém não deve receber a confiança de ninguém.
>
> *Thomas Paine,*
> Os direitos do homem

Não faz muito tempo, vi mais uma reportagem que anunciava o divórcio escandaloso de um escritor e palestrante motivacional de bastante destaque que construiu uma carreira extremamente bem-sucedida ensinando os outros a ter uma vida boa. Embora a reportagem fosse escrita para chocar, não era tão surpreendente assim. Afinal, é uma história já muito conhecida.

Uma ascensão rápida à fama e à fortuna, ao prestígio e ao poder, à adulação e à adoração dos fãs é seguida por uma queda estonteante decorrente do uso de drogas, da infidelidade conjugal, do excesso de gastos ou simplesmente de um monte de escolhas muito ruins. Das celebridades aos pastores de megaigrejas, dos políticos aos atletas, dos empreendedores aos barões dos negócios, o que não faltam são histórias trágicas.

Se olhar com atenção para a maioria delas, não importam as muitas diferenças entre essas pessoas, você encontrará um denominador comum: a falta grave de alguém a quem prestar contas.

As celebridades, os políticos e outros com poder, dinheiro ou fama que se veem perdendo o controle em geral são os que se cercaram de "gente que diz sim" — puxa-sacos e sanguessugas que lhes dizem o que querem ouvir, mas não pensam no seu bem. Em consequência, têm cada vez menos contato com a realidade. Começam a acreditar nos próprios exageros.

E as más decisões acontecem quando não há a voz da razão ou a voz da razão é ignorada ou silenciada. As más decisões acontecem quando não há contraponto nem discussão. E também quando de repente alguém tem a rédea livre para fazer o que quiser, na hora em que quiser. O poder absoluto corrompe de forma absoluta.

É como a criança que só ouve elogios e a quem ninguém diz não. Essa criança não demora a se tornar uma peste, egoísta e mimada. Todo mundo precisa ter a quem prestar contas.

Em 2015, Lara e Roger Griffiths ficaram muito empolgados quando descobriram que tinham ganhado quase 1,8 milhões de libras na loteria.[4] Imediatamente começaram a gastar: primeiro compraram a casa dos sonhos, um Porsche e um SUV Lexus. Em seguida matricularam as duas filhas numa escola particular cara. Compraram um spa para Lara administrar. Tiraram férias de luxo e colecionaram jeans e bolsas de marca.

Mas o que eles não fizeram foi se sentar e avaliar, juntos, se concordavam e se tinham algum tipo de plano para o dinheiro. Também não buscaram a orientação de assessores confiáveis. Em vez disso, Roger disse a Lara que saberia "controlar" o dinheiro, e Lara, sem nenhuma noção real de quanto tinham, simplesmente gastava.

Em seis anos, tudo acabou. Pior: ficaram profundamente endividados. O casamento se desfez. Eles perderam a casa, os carros e tudo o mais.

Sem dúvida, os Griffith não são os únicos. Na verdade se estima que 70% dos ganhadores de loteria vão à falência cinco anos depois de receber o grande prêmio, principalmente porque perdem o contato com a realidade e começam a se achar invencíveis.[5] E, embora a melhor coisa a fazer fosse confiar em terceiros — um assessor financeiro ou um advogado de confiança — para ajudar a administrar o prêmio, pouquíssimos ganhadores da loteria fazem isso.

Como seres humanos, somos na nossa essência falhos e predispostos — na ausência de restrições ou limites — a tomar decisões muito, muito burras! Embora seja fácil condenar as celebridades que se destroem, os políticos

117

derrubados por escândalos ou os ganhadores de loteria que vão à falência, a realidade é que nenhum de nós está completamente imune à sedução do dinheiro, do poder, da glória e da adulação, sem falar na tentação de ser preguiçoso, fazer más escolhas e sucumbir aos vícios.

É por isso que *precisamos* de responsabilização na vida! Precisamos de pessoas pessimistas e que digam a verdade, pessoas que nos amem a ponto de nos chamar a atenção quando pegamos um caminho ruim e que se preocupem a ponto de nos jogar isso na cara. Precisamos de pessoas em quem possamos confiar que nos darão um feedback sincero e pessoas a quem possamos dar esse feedback em troca.

Nem sempre é fácil aceitar o que não queremos ouvir — as verdades duras, as críticas construtivas, os pontos de vista discordantes. De fato, não queremos lidar com quem nos diz que estamos cometendo um erro, olhando o problema pelo lado errado ou formando opinião com base em informações insuficientes.

É exatamente por isso que a verdadeira responsabilização — aceitar o feedback sincero e se dispor a agir de acordo — é um ato de coragem. Significa tornar-se vulnerável e admitir que talvez você não tenha todas as respostas. Exige se abrir a discussões às vezes acaloradas e a ideias que não são suas. Significa agir com base em conselhos sábios que, a princípio, talvez entrem em conflito com as suas opiniões e os seus desejos. Exige tanto humildade quanto confiança.

UMA BASE DE CONFIANÇA

Sou uma enorme fã da avaliação de personalidade dos Pontos Fortes — StrengthsFinder. Na minha empresa, exigimos que todos os candidatos a um emprego a façam como parte do processo de seleção e trabalhamos ativamente para garantir que os membros da equipe tenham a oportunidade de trabalhar com as suas zonas de força. Eu sou tão obcecada que levei até as minhas filhas para fazer a versão do teste para crianças e, depois de muito pedir e implorar, convenci o meu marido a fazer também, para que pudéssemos ler juntos o livro *Strengths Based Marriage* — o casamento baseado em pontos fortes.[6]

Não foi surpresa para nenhum de nós que, com exceção do único ponto forte em comum — estratégia —, os dez principais pontos fortes dele são os meus piores e vice-versa.

Somos o mais opostos que dois opostos podem ser.

Embora já soubéssemos disso — seria difícil não saber —, descobrir de que modo os pontos fortes influenciam a nossa personalidade e o nosso casamento foi incrivelmente revelador. Percebemos que as nossas maiores brigas recorrentes como casal possuem ligação direta com o fato de que o meu ponto menos forte — a adaptabilidade — é o mais forte dele. E pelo que mais brigamos? Pelo fato de que eu quero sempre um plano, e ele, nunca! Ambos deixamos o outro maluco!

A questão é que, até fazermos a conexão de que esse ponto forte específico (ou a falta dele) era uma parte intrínseca das nossas respectivas personalidades, ambos achávamos que um *tentava* deixar o outro maluco. Chuck achava que eu queria irritá-lo de propósito por exigir planos o tempo todo, e eu supunha que ele estava sendo imbecil por resistir.

No fim das contas, nenhum de nós fazia isso de propósito! E, embora eu não possa dizer que não brigamos mais por isso, o nosso conflito nessa área se reduziu bastante. Eu sou mais sensível ao fato de que Chuck precisa acompanhar o fluxo, e ele percebe que sem um plano eu me sinto completamente perdida.

Investir tempo para aprender isso sobre nós nos ajudou a construir uma noção mais profunda de confiança — algo que é essencial em qualquer relacionamento. Se eu não confiasse no fato de que o meu marido me ama incondicionalmente e que sempre vai me apoiar aconteça o que acontecer, seria fácil supor que, toda vez que fizesse algo que acho chato ou me questionasse ou desafiasse alguma ideia minha, estaria agindo por despeito ou para me irritar por algum motivo secreto e sinistro.

A confiança é a base de todo casamento, amizade ou sociedade de responsabilização bem-sucedidos. Sem ela, não há nada. Uma casca vazia de superficialidade. Uma associação transacional baseada apenas no que cada lado pode ganhar. Uma troca mútua de amabilidades e banalidades, nada mais.

Assim, para confiar, é preciso se dispor a ser vulnerável, a baixar a guarda e a deixar o outro ver o seu verdadeiro eu — a versão esquisita, errada, confusa e nada perfeita que você costuma tentar esconder. É preciso ser franca sobre seus pensamentos, esperanças e sonhos, assim como sobre seus medos, frustrações e inseguranças. Mais ainda, é preciso se dispor a ver e aceitar esse lado da outra pessoa também.

O meu marido vê o pior de mim: o mau humor e a TPM; os ataques de medo quando algo não funciona de acordo com o plano; a impaciência com as crianças, com ele e com esperar, bom, quase tudo; a irritação súbita e completamente irracional quando estou com fome; a minha natureza obsessiva; a tendência a inventar músicas idiotas sem melodia; e um milhão de outras coisinhas que eu teria vergonha demais de contar.

E, embora ele e eu, tão opostos que somos, possamos, sem dúvida, deixar o outro maluco às vezes, também nos fazemos melhores. Ele afia a minha espada, eu a dele.

Também sou incrivelmente afortunada por ter alguns amigos que me conhecem quase tão bem quanto ele — pessoas que eu sei que me apoiam, aconteça o que acontecer, e pessoas pelas quais eu andaria literalmente sobre brasas.

Essa é a *minha gente* — as pessoas em quem confio e que me dirão quando eu for idiota ou ficar muito metida a besta. Que me dirão na cara e com amor, aconteça o que acontecer. *Preciso* desse ponto de vista para me manter com os pés no chão.

Todos precisamos.

INCENTIVAR CONFLITOS

Uma vez por ano, toda a minha equipe vem à sede da empresa, na Flórida, para a reunião anual de planejamento e retiro em grupo. É a hora de nos unirmos como equipe, de resolver problemas e de sonhar com o futuro. Como empresa de essência digital e online, cujos funcionários trabalham de forma remota, descobrimos que esse tempo cara a cara é inestimável.

Na verdade, a minha equipe é incrível. Sei que muita gente diz isso, mas estou sendo sincera. Não há uma única pessoa que não se dedique 100% todos os dias. Todos amam a empresa, se inspiram com o trabalho que fazemos e não poderiam se dedicar mais. Todo dia, acordo agradecida por trabalhar com esse grupo específico de indivíduos.

Ano passado, nos preparativos para o retiro, pedi a cada membro da equipe que lesse *Os cinco desafios das equipes*, de Patrick Lencioni.[7] Contado como uma parábola, o livro revela cinco comportamentos de grupo que sempre impedirão uma equipe de ter o melhor desempenho.

Li o livro antes, no início do ano, e o que vi me preocupou, porque até então eu não pensara na nossa equipe como disfuncional — nem um pouquinho. Todos nos dávamos bem e nos divertíamos no trabalho, embora trabalhássemos muito, e cada integrante era tão positivo *o tempo todo* que chegava a ser quase chato.

Mas era exatamente esse o problema.

Não havia *nenhum* conflito.

Na nossa empresa, cada nova ideia e iniciativa era adotada e elogiada. Tudo era incentivo, positividade, elogios e "bom trabalho!" Éramos muito, muito bons em sermos legais, em demonstrar apreciação, em encher uns aos outros de elogios e cumprimentos, em comemorar aniversários e vitórias da empresa e em reconhecer o trabalho bem-feito.

E, embora pareça que temos um ambiente maravilhoso para trabalhar — e temos —, também era problemático. Veja, na nossa ansiedade para nos entendermos bem e sermos sempre positivos, ninguém brigava pelas melhores ideias nem ousava abrir a boca quando notava que havia algo errado. A falta de conflito estava nos deixando complacentes, e, na verdade, a qualidade do trabalho sofria.

Como equipe, percebemos que incentivar o conflito construtivo e cobrar responsabilidade uns dos outros eram duas coisas em que de fato precisávamos trabalhar, e, no último ano, foi exatamente o que fizemos.

Agora as reuniões têm muito mais animação, pois os membros da equipe se dispõem cada vez mais a dizer o que pensam, compartilhar opiniões, brigar a favor ou contra uma ideia específica e até chamar a atenção de um ou outro quando necessário. Ainda há *muita* positividade, mas nós comemoramos e damos vivas a esses momentos de conflito construtivo. Na verdade, quando todos concordamos — o que acontece com frequência —, geralmente pedimos a uma ou duas pessoas que sirvam de advogado do diabo, só para criarmos mais conflito construtivo e ter certeza absoluta de que estamos levando todos os lados em conta.

Às vezes um pouco de conflito e controvérsia é necessário, não só quando se trata de uma equipe. Os meus irmãos e eu descobrimos isso recentemente, quando lidávamos com problemas ligados ao tratamento e às finanças da nossa mãe. Tínhamos algumas fortes divergências de opinião sobre o melhor rumo a tomar, e precisávamos que o conflito construtivo nos levasse ao melhor curso de ação.

Quer saber de uma coisa? Foi *difícil*. Muito difícil. Houve troca de palavras muito duras e muitos sentimentos feridos. Descobrimos que os nossos conflitos se enraizavam em mágoas passadas, e, embora saibamos que todos queremos o melhor para a nossa mãe, foi complicado concordar com as providências que precisavam ser tomadas. Mesmo que ainda não tenhamos resolvido tudo, acredito que, no fim, porque nos preocupamos profundamente com a nossa mãe e uns com os outro, resolveremos o conflito e sairemos vivos do outro lado.

É importante ouvir outros pontos de vista, mesmo quando não concordamos com eles. Escutar os pensamentos de alguém que discorda de nós nos força a solidificar as nossas crenças. E brigar para melhorar vai nos trazer melhor resultado.

Portanto, não tema o conflito. Em vez disso, adote o feedback sincero. Porque todo mundo precisa da verdadeira responsabilização.

capítulo doze

não há erros, só lições

porque toda queda leva a uma descoberta

> Não fracassei. Só descobri dez mil jeitos que não dão certo!
>
> *Thomas Edison*

Às vezes sinto que toda a minha vida foi uma série de caminhos errados.

Com dezessete anos, larguei o ensino médio para fazer intercâmbio nos Países Baixos porque não aguentava a ideia de morar mais um ano em casa. Ninguém no ensino médio da minha cidadezinha tinha feito intercâmbio, e eles se recusaram a aceitar os créditos da escola holandesa e a me dar o diploma. Apesar de não ter me formado no ensino médio, por algum tipo de descuido doido ainda consegui entrar na universidade. Mas aí larguei a faculdade também.

Aos vinte anos eu me casei com um sujeito de quem gostava, mas que não amava, e acabei me divorciando aos 22. Então (como já mencionei), acabei mergulhando no fundo do poço, tentei suicídio várias vezes e passei mais de dois anos entrando e saindo de hospitais psiquiátricos. Nessa época, negligenciei completamente as minhas finanças, que acabaram me levando à falência.

Com 24 anos e recém-solteira, me apaixonei por um sujeito que me enganou durante nove meses dolorosos e depois me joguei nos braços de outro que acabou se revelando como o mais nojento dos trastes, o que só descobri quando ele me obrigou a sair de um restaurante pela porta dos fundos para não ser descoberto quando a "verdadeira" namorada apareceu.

Com 25 anos, finalmente recompus minha vida, terminei a faculdade e trabalhei como louca para fazer o GMAT (exame de admissão para graduados em Administração) e o LSAT (prova de admissão na escola de Direito) e ser aceita num programa duplo em Direito e Administração no campus de St. Louis da Universidade de Washington. Então desenraizei toda a minha vida, me mudei para o outro lado do país e comprei uma casa, mas acabei largando o programa o programa oito meses depois.

Pouco antes dos trinta, aceitei o emprego de diretora de um spa diurno quase falido, que escoava dinheiro e perdia 50 mil dólares por mês quando assumi, com a ideia delirante de que conseguiria provocar uma virada. Então, passei quase dois anos despejando cada grama de sangue, suor e lágrimas para dar um jeito no spa, que mesmo assim acabou falindo.

Com 33 anos, eu era uma dona de casa inquieta que passava quase todo o tempo livre (que era muito) fazendo compras na Target — e era tanto que o meu marido e eu brigávamos constantemente por dinheiro e por causa do meu hábito de gastar; verdade seja dita, eu não tinha muita certeza de que continuaríamos juntos.

E, aos quarenta, embora eu gostasse de fingir que todos esses erros estão bem no passado e que, desde que abri a minha empresa, consegui resolver tudo na vida. Mas o fato é que continuo dando passos burros quase todo dia. Investi tempo e dinheiro em projetos que fracassaram. Confiei nas pessoas erradas e fiz mais contratações ruins do que posso contar. Esperei que outras pessoas me dessem as respostas ou me mostrassem o caminho, só para descobrir que essas pessoas também não têm nenhuma ideia do que estão fazendo. Tomei decisões muito ruins, que, em retrospecto, gostaria de poder voltar e mudar.

Quando olho para trás, vejo com muita clareza que boa parte da minha vida foi uma série de maus passos, opções erradas e grandes trapalhadas. Ainda assim, o que percebi pelo caminho foi que não há erros, só lições. Cada opção errada me trouxe, de algum modo, até onde estou agora. Cada passo em falso me levou ao que acabou se tornando o passo certo. E tenho fé de que os atuais trechos acidentados da minha vida serão as lições futuras pelas quais ficarei eternamente grata.

Porque, no fim das contas, o meu ano como aluna de intercâmbio foi um dos melhores de toda a minha vida. Expandiu a minha visão de mundo, que até aquele momento era bem pequena. Viajei pela Europa, experimentei a independência e me tornei fluente em holandês. E, embora não tenha me formado no ensino médio, consegui, por meio de provas, sem ter de frequentar as aulas, dezesseis créditos em quatro idiomas na faculdade.

O meu primeiro casamento, embora tenha sido um terrível fracasso, me ensinou muito sobre como *não deve ser* um casamento. Em retrospecto, aceitei a responsabilidade por ter falhado comigo mesma, com o meu marido e com a família dele e fiz as pazes com a minha falta de humildade e com as coisas que teria de fazer de forma diferente no futuro. Eu sabia que, se voltasse a me casar, seria pelas razões certas, com o homem certo e pelo resto da vida.

Declarar falência foi tão humilhante que jurei nunca mais me permitir chegar numa situação financeira que me deixasse com tão poucas opções. Percebi que o modo de controlar o meu próprio destino era ganhar dinheiro suficiente para ter escolha.

O tempo que passei combatendo a depressão me ensinou muito sobre os outros e sobre mim, e o mais importante foi que, por pior que seja a situação, sempre há uma saída, e que, quando se chega ao fundo do poço, não há para onde ir a não ser para cima.

Até a tragédia dos meus namoros teve um lado bom. Se eu não ficasse tão angustiada por estar com o coração partido, não teria me apaixonado pelo traste que dizia todas as coisas certas. Mas, se não tivesse conhecido o Sr. Traste, nunca teria conhecido o seu colega de trabalho e de república, Chuck, que acabou sendo o "cara certo". Um cachorro, duas filhas, seis mudanças pelo país, quinze anos e dezessete endereços depois, ainda estamos indo bem. (E, não, eles não são mais amigos!)

Largar a faculdade de Direito e desistir da única meta realmente *grande* que eu já tivera até aquele momento provavelmente foi a coisa mais assustadora que já fiz. Também foi a mais libertadora. Ela me ensinou que, não importa o quê, sempre tenho escolha, uma lição de vida à qual eu acho que resisti até aquele momento. Levei algum tempo para descobrir o que realmente queria fazer da vida, e ainda estava presa a 30 mil dólares de crédito estudantil para pagar, mas nunca me arrependi de ter largado a faculdade de Direito.

Administrar o spa foi um curso concentrado de Administração, e, quando olho para trás, vejo que as lições que aprendi naquele cargo continuaram a pagar dividendos várias vezes na empresa que hoje administro. Aprendi a comandar uma equipe grande e a me orientar por várias personalidades e estilos. Aprendi a gerir lucros e perdas, a ser melhor no marketing, a vender, a fazer contatos e o que significa prestar um serviço excepcional ao cliente.

O hábito de frequentar a Target — e a necessidade desesperada de encontrar um novo hobby antes que os gastos destruíssem o meu casamento — foi, em última análise, o que me levou a escrever um blog chamado *Living Well Spending Less* [Viver bem gastando menos, em tradução livre], um projeto e uma paixão pessoal que acabou desabrochando numa empresa. E todo dia nessa empresa continuo a descobrir que as melhores lições quase sempre vêm diretamente dos meus maiores erros. Aprender o que não fazer e o que não funciona me ajuda a descobrir o que *dá certo*.

Porque, no fim das contas, **não há erros, só lições** — o nosso próximo princípio de coragem.

REFORMULE SUA PERCEPÇÃO

O que significaria na sua vida parar de ter medo de errar? Já pensou nisso? Como seria reformular todas as experiências que já teve como ocasiões de aprendizado, em vez de ocasiões em que você estragou tudo? E se conseguisse se convencer — e realmente acreditar, no fundo do coração — de que *erros não existem*?

De que maneiras isso seria libertador?

A questão é que, na vida (e nos negócios), é fácil desejar uma viagem tranquila. Não seria bom se tudo funcionasse como gostaríamos? Que sempre conseguíssemos o que queremos, que a vida só tivesse sol, rosas e unicórnios o tempo todo e que tudo o que a tocássemos virasse ouro? Penso lá no fundo que todos sabemos que não é assim que funciona. Mas há algo que talvez não percebamos: desejar uma viagem tranquila é contraproducente para conquistar a vida que sempre quisemos.

Sabe aquelas lombadas na estrada? É nelas que aprendemos todas as coisas boas! Na vida e nos negócios, garanto que você sempre vai aprender mais com os erros que cometer. Dentro de cada erro ou mau passo está a oportunidade de ouro de crescer e melhorar.

Sei que não é divertido cometer erros ou fazer as coisas irem por água abaixo. Mas não é bom que seja o medo do fracasso a impedir que você corra atrás ou experimente coisas novas. Porque, como eu já disse, os erros e os fracassos são um tipo diferente de vitória. E isso é ótimo, porque significa que, mesmo quando perde, você ganha!

UM DESTINO PIOR QUE O FRACASSO

É fácil nos convencemos de que cometer erros é a coisa mais terrível que pode acontecer. Evitamos correr riscos ou sair da nossa zona de conforto e não corremos atrás daquelas grandes metas e sonhos porque não conseguimos imaginar o que seria mais arrasador do que o fracasso. Acreditamos que estragar tudo é o pior que pode acontecer.

Mas isso não é verdade.

Há um destino pior do que o fracasso, muito pior. Uma consequência de não tentar que, no fim das contas, vai nos perseguir por muito mais tempo do que a repercussão do erro cometido ou as consequências de tentar e fracassar.

É a dor do arrependimento.

Quando olho para a minha vida até agora, apesar dos muitos erros que cometi, na verdade não tenho tantos arrependimentos assim. Não me entenda mal; há muitas experiências que eu não gostaria de repetir e muitos erros de que não me orgulho, mas não lamento que tenham acontecido.

Nem mesmo os erros financeiros — as vezes em que arrisquei e perdi dinheiro — me incomodam demais. Por exemplo, há vários anos, quando o preço do petróleo estava numa alta histórica, Chuck e eu tivemos a oportunidade de investir na abertura de um poço novo. Estava longe de ser algo seguro, e significava um risco enorme, mas também oferecia um ótimo potencial de retorno.

Conversamos muito, sopesamos os prós e contras e, no fim, resolvemos investir. Fizemos uma pequena oração e preenchemos o grande cheque. Infelizmente, o poço foi um fiasco. Não encontramos petróleo nem gás natural — nem mais nada, aliás, além de muita pedra.

Perdemos todo o nosso investimento. E, embora obviamente isso não seja ideal nem o que esperávamos que acontecesse, também descobrimos que não foi o fim do mundo. Sobrevivemos ao golpe, e a vida continuou como antes. Nunca nos arrependemos de ter arriscado.

Mas há uma oportunidade que não aproveitamos e que eu gostaria que não tivéssemos deixado passar.

Alguns anos atrás, Chuck e eu encontramos à venda uma cabana de troncos histórica, na região rural do leste do Tennessee, a poucos quilômetros da casa da minha amiga Edie. A casa tinha um potencial incrível — uma lareira de pedra com quatro metros de largura, ótima estrutura e *muita* personalidade. Também precisava de muitas obras, de um telhado novo a encanamento e sistema elétrico, cozinha e banheiros novos e uma nova fossa séptica, só para citar algumas. A construtora estimou que seria um mínimo de 150 mil dólares em reformas só para começar.

Não que não tivéssemos o dinheiro para investir. Tínhamos. Mas ficamos preocupados com o valor de revenda e com gastar mais do que a propriedade jamais valeria. E assim, embora realmente amássemos muito a cabana, desistimos.

Quer saber? Quatro anos depois, isso ainda dói!

Ainda pensamos nela, falamos dela e nos perguntamos "E se?". E de tantos em tantos meses olho a propriedade no Zillow para ver se, por algum acaso, voltou ao mercado. Até agora não tive sorte. Talvez algum dia.

Depois de entrevistar mais de 4 mil pessoas para escrever este livro, a coisa que mais se destacou para mim foi a dor implacável do arrependimento. O casal que escolheu abortar por medo de não serem bons pais. A mãe que abriu mão do sonho de voltar a estudar. O pai com medo de desistir do salário confiável para correr atrás do emprego dos sonhos. A corretora de imóveis que perdeu clientes por medo de ser insistente demais.

Foram tantas histórias de cortar o coração!

Na verdade, depois de ler histórias e mais histórias de indivíduos que deixaram o medo puxá-los para trás, estou convencida de que nada é tão arrasador quanto ter de conviver com as consequências a longo prazo de desejar que fosse possível voltar e tentar de novo.

Porque, embora o medo do fracasso seja muito real, é claro que a dor temporária de cometer um erro não é nada comparada à sensação duradoura e constante de que você poderia ter sido ou feito mais.

Os erros só doem por algum tempo, mas o arrependimento pode seguir você pelo resto da vida.

Portanto, não permita isso. Que o medo do arrependimento seja mais forte do que o medo do fracasso. Ouse correr esses riscos para não passar a vida inteira se perguntando *E se...?* Faça as pazes com os erros.

E se *houver* algo de que você se arrepende? Deixe no passado e se dê permissão para continuar. Concentre-se na única coisa que você pode controlar: as escolhas que faz daqui para a frente. E lembre-se: não há erros, só lições.

Porque toda queda leva a uma descoberta.

capítulo treze

o equilíbrio é superestimado

porque, se tudo for importante, nada será

> Sempre nasce algo do excesso: a grande arte nasceu do grande terror, da grande solidão, das grandes inibições, instabilidades, e sempre os equilibra.
>
> *Anaïs Nin*,
> O diário de Anaïs Nin

Todo ano, em minha empresa, envio uma pesquisa profunda para descobrir um pouquinho mais sobre os nossos leitores e clientes, com perguntas sobre gostos, desagrados e onde podemos melhorar. Em geral, faço pelo menos algumas perguntas sobre metas, e nos últimos anos também pedi aos entrevistados que identificassem a palavra que escolheriam como a sua "palavra do ano".

Sabe qual palavra apareceu constantemente, várias e várias vezes, mais do que todas as outras?

Equilíbrio.

Como mulheres, estamos praticamente *desesperadas* por ele, ou assim parece.

É essa ideia mítica e mágica sempre oculta no horizonte, fora do nosso alcance. Achamos que é a falta de equilíbrio que nos impede de ter a vida que queremos e nos convencemos de que a conquista do equilíbrio é que nos fará feliz.

E, como temos certeza de que ainda não atingimos esse estado mágico de equilíbrio, nunca ficamos satisfeitas com o ponto onde estamos. Parece que não importa para que trabalhamos ou nos esforçamos ou em que estação da vida estamos, vivemos importunadas pela sensação subjacente de que a nossa vida, de certo modo, está desalinhada, fora de prumo, a sensação de que, quando passamos tempo demais numa coisa qualquer, estamos fazendo algo *errado*.

Para quem tem filhos ou família, há até um nome especial para essa sensação:

Culpa materna.

É aquela sensação de que estamos fazendo algo errado, negligenciando a família ou prejudicando os filhos sempre que cuidamos de nós mesmas, nos concentramos na carreira ou corremos atrás dos nossos sonhos ou paixões. (E, só para registrar, não é preciso ser mãe para sentir isso!)

É a culpa que temos por dizer não ou mesmo "agora não" — a culpa que temos por não preparar todas as refeições a partir do zero ou por não passar horas vasculhando o Pinterest para criar marmitas decoradas como os bentôs japoneses. É a culpa que sentimos por colocar os filhos para dormir vinte minutos mais cedo para assistir à Netflix em paz ou por não liderar a excursão em campo da escola neste mês ou não encabeçar o mais recente comitê ou atividade para levantar recursos.

É a culpa onipresente, sempre lá, ao fundo. O. Tempo. Todo. A vozinha incômoda que não para de dizer que deveríamos ser mais, fazer mais, amar mais, nutrir mais, dar mais, servir mais, estar mais presentes, ser mais espiritualizadas, mais intencionais.

Aquela vozinha que nos diz que tudo o que fizemos provavelmente não foi suficiente.

E se essa voz estiver mentindo?

E se essa ideia de equilíbrio, que nos convencemos ser, além de possível, desejável, na verdade não for? E se for só um mito? Um conto de fadas? Uma armadilha para nos impedir de buscar genuinamente nossas metas e nossos sonhos?

E se o *equilíbrio* for superestimado?

Como mãe que trabalha em uma área muito movimentada e, com frequência, incrivelmente exigente, sem dúvida luto com esse dilema com regularidade — quase todo dia, aliás. Como ser uma boa mãe, uma boa esposa e uma boa chefe, tudo ao mesmo tempo? Como me concentrar em fazer a minha empresa crescer, comandar a equipe e atingir todas aquelas grandes metas e sonhos que crescem dentro de mim sem decepcionar os que me cercam? Afinal, não é só em *mim* que tenho de pensar. Como equilibrar a minha ambição e as minhas responsabilidades?

Porque a realidade é que é preciso muito para realizar um sonho. Há muitíssimo trabalho duro e sacrifício envolvidos em buscar uma grande meta. Significa fazer escolhas difíceis e, às vezes, priorizar uma coisa importante e valiosa em vez de outra coisa importante e valiosa. Também exige a disposição de acreditar em si mesma e confiar nas suas escolhas e prioridades, mesmo quando ninguém mais confia.

E às vezes isso é dificílimo.

Por mais empolgadas que fiquemos para atingir novos marcos ou cumprir alguma grande meta, a questão que fica no fundo da cabeça é a seguinte: *Buscar os meus sonhos me torna egoísta?*

A resposta é sim... e não.

Às vezes temos de ser egoístas para realizar as coisas. Com frequência, temos de nos dispor a fazer sacrifícios ou abandonar um objetivo para correr atrás de outro. Às vezes esses objetivos estarão em oposição direta um ao outro. Às vezes tudo bem. De fato, às vezes é assim que deve ser.

Mas quando é bom avançar na direção das nossas metas e quando deveríamos nos segurar? Quando é bom ser egoísta e quando deveríamos ser altruístas? Quando deveríamos mergulhar com tudo e quando só molhar os pés?

TUDO BEM FICAR OBCECADA

Numa cultura que elogia da boca para fora o esforço pelo equilíbrio em todos os aspectos da vida, a ideia de *obsessão* fica malfalada. Aprendemos a acreditar que não é saudável se concentrar por tempo demais ou com intensidade demais numa coisa só ou investir toda a nossa energia e o nosso esforço numa única área da vida. Que não devemos trabalhar *demais*, nos exercitar *demais*, treinar *demais*.

"Tudo com moderação", dizemos.

Mas isso é mesmo verdade?

Acho que não.

A grandeza quase sempre vem da obsessão.

A melhor literatura, música, arte e comida do mundo, as invenções e empresas mais bem-sucedidas, as descobertas científicas mais inovadoras, as realizações atléticas mais incríveis foram, quase todas, resultado direto da busca incansável. Os CEOs, artistas, cientistas e atletas sempre foram pessoas dispostas a fazer sacrifícios, a abrir mão do equilíbrio em favor de se concentrar numa área muito direcionada.

Várias e várias vezes, a história é a mesma. Anos de prática. Dedicação intensa. Sacrifício pessoal. Busca incansável. Eu ousaria afirmar que por trás de todas as realizações verdadeiramente notáveis está uma pessoa que se dispôs a ficar obcecada.

E também proporia que há mais nisso do que apenas obsessão. Para a maioria dessas pessoas, o impulso não brotou apenas da paixão ou do desejo de sucesso, mas também de uma noção cativante de propósito — uma necessidade de contribuir para o mundo e de fazer algo maior do que elas mesmas. É um chamado.

Como cristã, acredito que somos chamados por Deus para usar nossos dons, talentos e pontos fortes exclusivos no máximo da nossa capacidade. Também acredito que os grandes sonhos — aqueles que provocam medo e empolgação dentro de nós — são divinamente inspirados. Para mim, isso significa que, se não ficarmos obcecados pelo uso desses dons, pela busca desses grandes sonhos e por viver nosso chamado, na realidade estamos nos perdendo.

Não somos atraídos pelo equilíbrio; somos atraídos pelo propósito.

Com isso em mente, o que você acha que aconteceria caso se desse permissão para ir com tudo sem sentir culpa? O que mudaria se conseguisse parar de perseguir alguma ideia mítica de equilíbrio e se permitisse ficar obcecada com a busca dos seus sonhos ou do seu propósito? O que isso significaria para a sua vida neste momento? O que teria de mudar?

NENHUMA ESTAÇÃO DURA PARA SEMPRE

Você já notou que nós, seres humanos, tendemos a ter uma visão em túnel para a estação da vida na qual por acaso estamos? É tudo o que podemos ver, tudo com que conseguimos nos identificar, tudo por que nos interessamos. E, como essa estação é tão abrangente, em geral parece que durará para sempre.

Quando eu tinha vinte e poucos anos e estava solteira, a minha vida girava em torno de passear com o cachorro, ficar com os amigos e acampar ou assistir a jogos de futebol americano nos fins de semana. Eu estava completamente livre para fazer o que quisesse quando quisesse, e nem uma vez me ocorreu que não seria sempre assim.

Recém-noiva, eu vivia, dormia e respirava planos de casamento. Só lia revistas sobre noivas, assistia a programas como *Say Yes to the Dress* e passava um número interminável de horas planejando o dia perfeito: o vestido, a comida, as flores, o bolo, a música, a lista de presentes... era praticamente um emprego em tempo integral! Então, num instante dissemos "sim" e tudo acabou.

A gravidez foi uma estação totalmente nova, cheia de expectativa, preocupação, empolgação, medo e novos programas de tv como *A Baby Story* e *I Didn't Know I Was Pregnant*. Eu passava os dias lendo *O que esperar quando você está esperando* de ponta a ponta, escrevendo e reescrevendo o plano do parto e discutindo cada aspecto da gestação na dramática sala de bate-papo BabyFit.

Em pouco tempo a maternidade transformou a gravidez numa lembrança distante, e cada estação trouxe o seu conjunto de desafios e obsessões, dos anos insones dos bebês aos anos adoráveis da criança pequena até os anos não tão adoráveis (mas bem mais independentes) da pré-adolescência. Ainda não vivenciei os adolescentes, mas tenho muita certeza de que, quando acontecer, o estágio será igualmente abrangente.

Como empreendedora, vivenciei muitas estações diferentes também. Houve estações de enorme agitação em que trabalhei feito louca para ganhar ímpeto — mal dormindo, trabalhando mais de oitenta horas por semana, como se jogasse espaguete na parede freneticamente para ver se grudava.

Houve estações de criatividade e reflexão, em que me concentrei em escrever um livro ou criar algo novo. Houve estações de construção e crescimento, em que tive de aprender a criar sistemas e montar uma equipe. Houve estações de frustração e desespero, em que parecia que tudo o que poderia dar errado dava errado.

As estações vêm e vão — no casamento e nas amizades, no trabalho e na diversão, em todos os aspectos da vida. Há estações de esperança e estações de desespero. Há estações de agitação e estações de calma. Vezes em que nos sentimos produtivas, outras em que não conseguimos terminar nada. Momentos de muito anseio, momentos de contentamento.

Nenhuma estação, boa ou ruim, dura para sempre.

E é importante saber e recordar, porque isso destaca a inutilidade de se sentir culpada pela falta de equilíbrio quando a natureza sazonal da vida faz com que estejamos sempre e pelo menos um tanto fora de prumo, dependendo da estação. As estações mudam e, com elas, o nosso ponto de vista sobre o que mais importa.

SE TUDO É IMPORTANTE, NADA É

Embora na teoria seja fácil aceitar essa ideia de mudança de estação, a natureza míope dessas estações faz com que na prática uma das maiores lutas diárias que enfrentamos seja a ideia de que tudo na vida precisa receber o mesmo peso e atenção e que, se não formos completamente equilibradas em todas as áreas o tempo todo, estamos *falhando*.

Que *mentira* horrível contamos a nós mesmas!

Porque a verdade é que, se tudo é importante, nada é. Se estamos sempre tentando dar peso igual a *todas as coisas*, nunca daremos peso suficiente às coisas realmente *importantes*. Nem tudo pode ou deve ser importante o tempo todo. Isso não é possível, e ficaremos malucas tentando obter algum tipo de equilíbrio perfeito.

Às vezes parece que ter sucesso numa área significa que precisamos falhar em outra, mas o que não percebemos é que está tudo bem. Em algum momento *temos* de falhar numa área para ter sucesso em outra. Porque a alternativa é ser perfeitamente equilibradas em nossa mediocridade.

E na verdade quem quer isso?

É aí que entram as grandes metas: elas nos dizem o que é realmente importante. Essas grandes metas existem para nos ajudar a priorizar as áreas às quais precisamos dedicar mais tempo. Elas são o mapa que nos indica para onde estamos indo, em que precisamos nos concentrar e que atividades não merecem nosso tempo.

É a parte do "não merecem nosso tempo" que realmente importa, e isso às vezes é muito difícil, em especial para quem acha que tem de fazer tudo. Como tudo o mais na vida, descobrir o que não merece nosso tempo exige prática. Precisamos revisitar constantemente nossas grandes metas, decompor essas grandes metas em metas menores e determinar as nossas prioridades de acordo.

Isso significa que investir tempo em identificar as suas prioridades — as coisas mais importantes para você, com base nessas grandes metas — é absolutamente essencial. É um exercício que deveria ser feito com frequência e resultar numa lista concreta das coisas mais importantes para você — algo que fique sempre à mão para você consultar toda vez que a vida começar a ficar meio caótica. Essa lista é seu lembrete físico de que nem tudo é igualmente importante.

Ninguém consegue fazer tudo, e quem finge que consegue provavelmente está mentindo. Simplesmente não há horas suficientes no dia. Todos recebemos as mesmas 24 horas, ou seja, *não importa o que façamos na vida*, teremos de enfrentar escolhas.

Mas como ter certeza de escolher o caminho certo? Como saber que as prioridades estão em ordem? De um jeito ou de outro, acho que todos somos obras em andamento, sujeitas a reavaliação e autorreflexão contínuas, mas há alguns princípios que me ajudaram muito pelo caminho. Eles podem ajudar você também.

Tenha clareza de seu porquê. Sempre chegamos nisso, não é? Não basta estabelecer grandes metas; temos de saber *por que* elas são importantes para nós. Se você não conhece seu *porquê*, sua razão talvez não justifique os sacrifícios que precisa fazer para chegar lá.

Qual é seu propósito? O que move sua paixão? Essa busca é algo para o que você foi chamada? Vale a pena fazer sacrifícios por ela? Falaremos mais sobre encontrar seu *porquê* no Capítulo 16, mas vale a pena fazer a pergunta agora.

Consulte seu cônjuge, seus filhos, seus sócios. Pode ser bem difícil, mas é essencial ter um diálogo aberto com as pessoas que você sente culpa por negligenciar.

Sou o tipo de pessoa que adora estar no comando e mandar nos outros. O meu marido, por outro lado, não tem nenhum desejo de dizer aos outros o que fazer, e nunca diz. Mesmo assim, em todos os nossos anos de casados, percebi que, embora não seja a liderança, seu dom é claramente a sabedoria. Aprendi e *ainda* estou aprendendo que ele tem muitas ideias valiosas na hora de me ajudar a atingir os meus sonhos e as minhas aspirações. Ninguém conhece cada parte minha tão bem quanto ele, e ninguém me incentivará mais ou desejará o meu sucesso de forma tão genuína quanto ele. Mais ainda, o meu marido também é a única pessoa que entende intimamente as necessidades específicas da nossa família e que se preocupa com as nossas filhas tão profundamente quanto eu.

Nada é mais valioso do que a verdadeira responsabilização, e as pessoas mais próximas de você podem ser as únicas na face da Terra que serão totalmente sinceras — às vezes de forma violenta — sobre se você está ou não no caminho certo. Pelo bem do seu casamento e da sua família, você deve a eles lhes dar ouvidos.

Recupere seu tempo. Considerando que buscar um sonho pode exigir que você fique mais tempo longe da família do que gostaria, é muito importante garantir que o tempo que passam juntos de fato conte. Dê ao cônjuge e aos filhos a dádiva de se dedicar plenamente sempre que estiverem juntos. Desligue o celular, o computador e qualquer outra distração que capture seu foco e lhes dê você inteira. Seja intencional ao reservar um tempo que seja só para eles.

Por outro lado, cuidado para não ceder à culpa materna que, às vezes, nos tenta a sermos demasiadamente permissivas ou a dar aos filhos um monte de coisas de que não precisam para compensar o tempo em que não estamos com eles. Mais coisas não compensam menos tempo, e tentar ser amiga dos filhos em vez de ser mãe ou pai também não dá certo.

Uma pesquisa mostra que, depois dos três anos, é a qualidade e não a quantidade de tempo passado com os filhos que mais importa.[8] Portanto, torne esse tempo importante.

Pare de se comparar. É fácil olhar para os amigos e achar que a vida deles é melhor ou mais valiosa. Vemos as amigas atentas à carreira saírem correndo para trabalhar todo dia, elegantes e bem-vestidas com seu tailleur bem cortado e salto alto. Enquanto elas crescem na carreira, ainda estamos usando as leggings de ontem, cheias de farelos. Em forte contraste, elas dariam tudo para ficar em casa com os filhos pequenos e vivem preocupadas por estarem perdendo as coisas mais importantes da vida.

Comparar a sua situação com a de outra pessoa não serve para nada além de deixar você maluca de tanta dúvida. Portanto, não faça isso. Seu caminho é só seu, de mais ninguém.

Assuma suas escolhas. Cada ação tem seu conjunto próprio de consequências, e toda vez que escolhemos uma coisa *não* escolhemos outra. Portanto, assuma. Se, no fundo do coração, você acredita que foi chamada para seguir um determinado caminho, não perca tempo se arrependendo das coisas que não pode fazer. Entenda que, quando escolhe buscar um sonho, você também toma a decisão de deixar outra coisa para trás.

E tudo bem.

Porque nenhuma de nós pode fazer tudo, mas *podemos* fazer as pazes com as escolhas que fizemos. No fim das contas, isso precisa bastar.

Acredite: o equilíbrio é superestimado. Porque, se tudo é importante, nada é.

capítulo catorze

apenas siga em frente

porque nada jamais ocupará o lugar da persistência

> Nada no mundo ocupa o lugar da persistência. O talento não ocupa; nada é mais comum do que homens de talento malsucedidos. O gênio não ocupa; o gênio não recompensado é quase um provérbio. A educação não ocupa; o mundo é cheio de diplomados fracassados. Somente a persistência e a determinação são onipotentes.
>
> *Calvin Coolidge*

Aos 23 anos, eu tinha toda a certeza de que arruinara a minha vida para sempre. Naquele momento, estava profundamente deprimida havia mais de dois anos. E não falo do tipo que toma duas fluoxetinas enquanto assiste a *Flores de aço* e se sente meio mal. Estou falando do tipo que chegou ao fundo do poço, do tipo Sylvia Plath. Um caso perdido.

Meu diagnóstico oficial era transtorno depressivo maior e transtorno do estresse pós-traumático.

Incapaz de lidar com as lembranças de ter sofrido abuso sexual quando menina e não querendo enfrentar o fato de que me casara com o cara errado e estava presa a uma vida que não queria, decidi que essa vida não tinha significado, que Deus não existia e que me matar era a solução para os meus problemas.

Depois de queimar algumas largadas, a terceira tentativa de suicídio quase deu certo. Os bombeiros derrubaram a porta para me resgatar, e o meu coração parou na ambulância. Eles enfiaram um tubo na minha garganta para me manter respirando e telefonaram chamando a família para se despedir de mim.

Mas eu não morri.

Em vez disso, me mandaram para um hospital psiquiátrico, onde passei um número incontável de horas em terapia de grupo, terapia individual, terapia da raiva, terapia cognitivo-comportamental, terapia do tipo "fale mais sobre o seu trauma". Nas horas livres, eu lia filosofia existencial e me relacionava com os outros pacientes, que me ensinaram habilidades essenciais da vida — como tomar os remédios, como esconder contrabando e como fazer funcionar o isqueiro "seguro" do fumódromo, que na verdade só me ensinou que era bem mais fácil simplesmente acender um cigarro no outro.

Fora do hospital, avancei ainda mais na espiral de autodestruição. Comecei a me cortar, e, quando já não doía o suficiente, a me queimar. Cortei todo o meu cabelo, pus piercings no nariz e na sobrancelha e fiz várias tatuagens. Ainda insatisfeita, me meti de propósito em situações cada vez mais arriscadas — bebedeiras, experiências com sexo e drogas, fumar pelo menos dois maços de cigarro por dia e me meter em brigas de bar. Passei um cheque sem fundos para comprar uma barraca e acampei pela Costa Oeste até acabar no Arizona, no meio do nada, morando com um casal lésbico extremamente volúvel.

Eu estava *péssima*.

Não conseguia me importar. Nem com isso, nem com nada. Eu só queria não sentir, e fiz tudo o que me permitisse evitar a dor que tinha por dentro.

Não é preciso dizer que a autodestrutividade não me ajudou a melhorar, e, depois de outra tentativa de suicídio, acabei voltando à enfermaria psiquiátrica. Os médicos desistiram dos antidepressivos e recorreram à terapia de eletrochoque. Aí, finalmente desistiram de mim de uma vez e me mandaram morrer em casa.

Foi assim que, aos 23 anos, eu estava divorciada, falida e no fundo do poço.

Não tinha emprego, dinheiro, diploma nem esperança. Estava horrível — os meus braços e pernas eram cheios de cicatrizes de todos os cortes e queimaduras — e, naquele momento, eu tinha afastado praticamente todo mundo que já se importara comigo. Não é fácil conviver com deprimidos, e, embora a maioria dos meus amigos e familiares tentasse me dar apoio, depois de algum tempo quase todos desistiram.

Não posso dizer que os condeno. Eu também tinha desistido de mim.

Fui morar com o meu pai, não porque ele quisesse, mas porque eu literalmente não tinha para onde ir. Durante meses passei os dias na cama, até que por fim ele não aguentou mais. Ele me convenceu — me subornou, na verdade — a começar a fazer exercícios algumas vezes por semana, o que fiz da maneira mais desanimada possível. Andava meia hora na esteira e depois voltava para a cama.

Mas isso ajudou. Aquela meia hora pondo um pé na frente do outro começou afinal a fazer uma pequena diferença. E as nuvens escuras da depressão que tinham passado tanto tempo pendendo sobre mim começaram a se erguer só um pouquinho.

Encontrei uma nova terapeuta e disse a ela: "Acabei de passar dois anos e meio falando sobre todas as coisas ruins que já me aconteceram e não quero mais falar disso. Não ajudou, e agora só preciso saber como voltar a viver".

E, nos dois anos seguintes, foi isso que ela me ajudou a fazer. Pôr um pé diante do outro e remontar a minha vida. Arranjei um apartamento e um emprego de meio período, depois um emprego melhor em horário integral. Adotei um cachorro, uma labradora chocolate completamente desastrada chamada Lita que era tão cheia de energia que fui forçada a sair para dar vários passeios longos por dia. Comecei a fazer novos amigos — amigos não autodestrutivos que eram pessoas que de fato contribuíam para a sociedade — e comecei a consertar os antigos relacionamentos que destruíra. Eu adorava ser solteira, me divertia acampando e caminhando nos fins de semana e comecei a conhecer novos rapazes e a namorar. Voltei à faculdade para me formar e comecei a me candidatar ao curso de Direito.

A terapeuta me ajudou a ver que cada pedacinho de progresso ajudava a levar ao próximo e a reconhecer que eu não tinha de resolver toda a minha vida de uma vez só. *Eu só precisava continuar seguindo em frente.* Por fim, ela me ajudou a perceber que, se conseguisse chegar ao outro lado de um imenso colapso mental de dois anos, provavelmente conseguiria atravessar qualquer coisa.

Só precisava continuar seguindo em frente.

Porque nunca houve um momento em que a minha vida ficasse magicamente perfeita, e o meu colapso com certeza não foi a última vez que enfrentei dificuldades na vida. *Entrei* na faculdade de Direito, mas oito meses depois percebi que não era para mim. Tentei vários outros caminhos depois, e levaria anos para voltar a Deus e descobrir em que caminho eu deveria estar.

Enquanto isso, enfrentei muitos desafios e adversidades. Conheci a dor de cotovelo e a traição, reveses e fracassos, perdas esmagadoras e decepções amargas, problemas de saúde e de dinheiro, amizades rompidas e dramas familiares.

Mas essa é a vida.

Ninguém ganha passe livre. Nenhum de nós tem a garantia de uma jornada perfeitamente agradável, sem dificuldades, luta e dor. Embora a minha história seja mais traumática do que algumas, é muito menos traumática do que outras. Há bastante gente que enfrentou desafios piores, obstáculos muito maiores e circunstâncias muito mais horrendas. E a única coisa que sei com certeza é que é certo que haverá mais obstáculos, lutas e reveses no meu futuro — e no seu.

A adversidade faz parte da vida.

A única pergunta é: o que você vai fazer com isso?

A ÚNICA COISA QUE VOCÊ PODE CONTROLAR

As manhãs dos dias úteis aqui no lar dos Soukup não são bonitas.

Por mais cedo que o despertador toque e por mais que façamos os preparativos na noite anterior — preparar os lanches, assinar o dever de casa, separar as roupas e pôr mochilas e instrumentos perto da porta —, aquela meia hora entre 7h30 e 8h sempre parece se transformar em caos, gritos e lágrimas.

A fonte de todo esse caos não é mistério. É Annie, a minha filha caçula. A menina não tem nenhuma noção de urgência e, aparentemente, nenhuma capacidade de acelerar e fazer as coisas mais depressa. Leva 45 minutos para comer um ovo com torrada, escolhe roupas que não servem (o que não é pouco, considerando o fato de que elas *usam uniforme*), se recusa a escovar o cabelo ou pôr a blusa para dentro e depois perambula com um sapato na mão, na esperança de que ninguém perceba que ela deveria estar limpando o quarto, enquanto a irmã acaba fazendo todo o trabalho *real*.

Ainda mais enfurecedor é o fato de que ela parece imune a qualquer volume de gritos, argumentos, bajulações e ameaças de castigo. Ela não se preocupa com o atraso e não se incomoda nem um pouquinho com a frustração e a raiva que inevitavelmente a cercam. Simplesmente não se importa. A confiança é o seu maior ponto forte, e a crítica escorre dela como a água das costas de um pato. Seria algo incrível de ver, se não fosse tão irritante.

Não surpreende que o grosso da frustração e da raiva venha de Maggie, a minha filha mais velha, que é a pessoa mais impactada pelo comportamento da irmã. Maggie gosta de chegar cedo à escola para ver os amigos e, no modo típico da filha mais velha, é responsável, organizada e quase sempre pontual. É comum estar pronta às 7h30, ou seja, passa o resto da manhã tentando fazer Annie se apressar.

É mais ou menos a mesma cena todos os dias, a nossa versão pessoal de *Feitiço do tempo*. Annie não acelera nunca. Maggie fica cada vez mais irritada. Há berros, gritos, choro e bater de portas. Em geral, *muitas* flexões, o nosso castigo preferido. (Não estou brincando quando digo que agora a garota está tão forte que se joga no chão e faz trinta flexões como se não fosse nada!)

Mais de uma vez Maggie me procurou em prantos, frustrada num nível que só um conflito entre irmãs pode alcançar.

"Por que a Annie precisa ser *tão* chata? Ela nunca faz nada! Vamos nos atrasar *de novo*! Por que eu tenho de sofrer por causa dela? Não é *justo*!"

E a questão é que Maggie está absolutamente certa. Não é justo mesmo.

Annie tem muitíssimas qualidades, mas a sua capacidade de fazer as coisas de manhã não é uma delas, pelo menos não agora, e na maior parte das manhãs ela é 100% culpada. Como mãe, ainda tenho esperança de que algum dia ela supere essa fase, mas, por enquanto, essa é a nossa realidade.

Afinal, como tenho de explicar repetidas vezes a Maggie, a vida nem sempre é justa.

"Querida, a única coisa que você pode controlar é *você*. Sei que não é justo, mas às vezes é o que acontece. E, embora não possa escolher como a sua irmã age, você pode escolher como você reage. Se deixar isso arruinar o seu dia, só estará se magoando, não a ela. Você tem de escolher superar."

É uma pílula dura de engolir quando se tem doze anos.

E é uma lição igualmente difícil para os adultos.

A realidade é que coisas ruins vão acontecer em algum momento, às vezes sem culpa nenhuma da sua parte. Haverá pessoas que vão tratá-la mal ou se aproveitarão de você. Haverá montes de coisas desagradáveis na vida que você não poderá fazer nada para evitar.

E, no fim das contas, a única coisa que podemos controlar é a maneira como reagimos. Você vai deixar que isso arruíne o seu dia, a sua semana ou a sua vida? Ou vai escolher superar?

Amargura, raiva e ressentimento não nos servem; só nos comem vivos. É tomar um frasco de veneno esperando que o outro morra. Spoiler: o outro não morre!

Portanto, escolha aceitar a responsabilidade pela única coisa que pode controlar: você mesmo. Porque até na pior das circunstâncias você ainda tem escolha. Recuse-se a permitir que as ações e atitudes dos outros afetem a maneira como você age ou se sente. Recuse-se a abrir mão do poder de escolher como você reage. Você ainda pode escolher alegria, felicidade e perdão. Ainda pode escolher superar.

E ninguém pode lhe tirar esse poder, a não ser que você deixe.

A ALEGRIA ESTÁ NA LUTA

É comum ficarmos completamente cegos quando algo inesperado nos tira dos trilhos. Então, porque nos pegaram no contrapé, é fácil ficarmos arrasados e desanimados. Não sabemos lidar com o obstáculo ou bloqueio diante de nós porque não nos preparamos mentalmente para ele.

Mas posso lhe dizer, sem sombra de dúvida, que a única coisa certa na vida é que algo *vai dar* errado.

Todos já ouvimos falar da lei de Murphy — a ideia de que "o que puder dar errado vai dar" —, mas, por alguma razão, ainda ficamos aborrecidos, surpresos, perplexos ou zangados quando as coisas não funcionam exatamente como esperávamos, quando cometemos um erro ou quando encontramos algum grande obstáculo.

Pensamos *Isso não deveria acontecer!* e sentimos pena de nós mesmos, às vezes até fazemos uma enorme cena de vítima.

Mas por que ficamos tão surpresas?

Coisas ruins vão acontecer. Coisas vão dar errado. Erros serão cometidos, várias e várias vezes. As pessoas agirão como imbecis. Acidentes e tragédias virão do nada. Bloqueios e obstáculos surgirão. E a única maneira de deixarmos de ser uma vítima das circunstâncias e das coisas que dão errado — porque *vão dar* errado — é *parar de esperar que tudo dê certo*.

Precisamos parar de nos dizer que deveríamos estar na estrada lisinha e precisamos parar de sentir pena de nós mesmos porque a estrada na qual fomos parar é cheia de buracos, porque a realidade é que *a estrada lisinha não existe*.

Dor e sofrimento nunca são divertidos. Ninguém deseja esforço e dificuldade, ou que a vida fique só um pouco mais difícil. Não adoramos a adversidade nem as coisas que dão errado. Não torcemos secretamente por alguma pequena tragédia ou um coração partido. Na verdade, não queremos nos sentir tristes, zangadas, desanimadas ou ofendidas.

Ainda assim, a maioria de nós, quando recorda os momentos mais felizes da vida, quase com certeza descobrirá que eles estão ligados a algum tipo de luta. As coisas de que mais nos orgulhamos são as coisas pelas quais tivemos de brigar!

A emoção de terminar uma maratona está ligada à dor de correr 42 quilômetros e aos meses de treino exaustivo de preparação para aquele momento único de alegria — todas as bolhas, dores musculares e manhãs de sábado passadas correndo em vez de descansar na cama.

O orgulho de receber um diploma está ligado aos anos de dedicação — todas as noites insones estudando para as provas, todo o esforço para entender conceitos importantes e todo o investimento de tempo e dinheiro.

A satisfação de possuir um negócio bem-sucedido está ligada ao sangue, suor e lágrimas que, sem dúvida, foram necessários para fazê-lo funcionar — o estresse das horas intermináveis e o sentimento de nunca acabar, a angústia de precisar correr grandes riscos e de lidar com o desconhecido.

A alegria de ter filhos está ligada à exaustão de criá-los — as noites insones cuidando do bebê, os anos de manha da criança pequena, a adolescência cheia de hormônios e os intermináveis leva-e-traz, almoços, roupas para lavar, deveres de casa e dores de cabeça pelo caminho.

Esforço, dor e adversidade não são divertidos, mas nos tornam melhores. É quando aprendemos a ser mais fortes, sábios, humildes, pacientes e empáticos. É aí que as coisas boas acontecem, mesmo que na hora não pareça. Dentro de cada colapso está a oportunidade da descoberta, e, mesmo que não saibamos exatamente o que dará errado ou que obstáculos surgirão, podemos ter confiança de que *alguma coisa* não funcionará como planejado.

Se aceitarmos essas lombadas do caminho como parte essencial do processo, elas ficarão muito mais fáceis de suportar.

Podemos manter o nosso ponto de vista durante a tempestade e sair pelo outro lado.

DÊ UM PASSO, DEPOIS OUTRO

No livro *Garra*, a psicóloga e pesquisadora Angela Duckworth descreve com detalhes convincentes o fato de que a garra — combinação de paixão e perseverança — é muito mais importante que o talento cru na hora de criar sucesso na vida.[9] Ela explica que os grandes realizadores não são necessariamente os mais talentosos, e sim os mais dispostos a trabalhar.

Podemos pensar que estamos em desvantagem porque não tivemos acesso às mesmas oportunidades ou enfrentamos mais dificuldades ou adversidades pelo caminho. Podemos pensar que não somos tão inteligentes, talentosos ou bem conectados quanto as pessoas à nossa volta. Mas, no fim das contas, nenhuma dessas coisas é tão importante quanto a disposição para continuar avançando. Dar um passo, depois outro, depois outro e nunca, jamais desistir.

Às vezes acho que vemos o mundo em termos de isso ou aquilo. Ou somos inteligentes ou não. Ou somos capazes ou não. Ou somos corajosos ou não. É o que a psicóloga Carol Dweck chama de mentalidade fixa: a crença de que as nossas qualidades são pétreas.[10]

Quando olhamos o mundo com essa mentalidade fixa, não há razão para insistir. Fazer um grande esforço é apenas a oportunidade de provar que você não é capaz.

Mas, na verdade, as nossas qualidades *não são* pétreas. A coragem nunca é uma coisa do tipo fez, está feito. Porque *nunca* é porque você é inteligente ou talentosa, ou porque a sua ideia é original e extraordinária, ou pelos diplomas que tem ou pelo dinheiro com o qual começou. É a sua garra, perseverança e disposição de trabalhar com afinco e continuar trabalhando com afinco que fará toda a diferença.

Você não precisa conhecer cada passo do caminho antes de começar; só precisa dar o próximo passo, e depois o seguinte. Lembre-se: a ação é o antídoto do medo, o que significa que, desde que continue se deslocando na direção certa, desde que continue agindo rumo à meta que você quer alcançar (e mesmo que essa meta seja apenas identificar uma meta!), algum dia você chegará lá.

A coragem é, portanto, um músculo que precisa ser fortalecido todos os dias. A coragem é uma decisão diária. É a escolha consciente de dar o próximo passo, e depois dar o passo seguinte.

É a decisão de continuar avançando, aconteça o que acontecer.

Porque *nada* jamais ocupará o lugar da persistência

os princípios da coragem — um resumo

1. OUSE PENSAR GRANDE
Nunca duvide daquilo de que você é capaz e saiba que as grandes metas são o segredo para se motivar e permanecer motivada.

2. REGRAS SÃO PARA OTÁRIOS
Nunca aceite nada só pela aparência; ouse pensar com a própria cabeça e se disponha a confiar na sua avaliação.

3. ASSUMA SEMPRE
Você sempre tem escolha quanto ao modo como vai reagir. Logo, assuma a plena responsabilidade da sua reação a tudo o que lhe acontecer.

4. ADOTE O FEEDBACK SINCERO
Todo mundo precisa de responsabilização. Cerque-se de gente que fala a verdade e que a torna uma pessoa melhor, mesmo quando essa verdade é difícil de ouvir.

5. NÃO HÁ ERROS, SÓ LIÇÕES
Não tenha medo de falhar, porque são sempre os nossos maiores colapsos que levam às nossas maiores descobertas. Viva a sua vida sem arrependimentos.

6. O EQUILÍBRIO É SUPERESTIMADO

Pare de acreditar que precisa atingir algum nível mítico de equilíbrio perfeito em todas as áreas da vida e dê a si mesma liberdade para ir com tudo nas coisas que mais importam.

7. SÓ CONTINUE AVANÇANDO

Nada no mundo jamais ocupará o lugar da persistência. Você pode fazer praticamente tudo o que quiser, desde que se recuse a desistir.

PARTE 3

a coragem em ação

Depois de adotar um novo conjunto de princípios — os Princípios da Coragem — e de trabalhar para mudar a sua mentalidade, você estará pronta para agir com base nesses princípios e aplicá-los à vida cotidiana. A única maneira de realmente enfrentar os seus medos, superar a adversidade e criar uma vida que você ama é dar esse próximo passo.

A ação é o único antídoto do medo.

capítulo quinze

reivindique o seu alvo e o reafirme

se não mirar em nada, você o acertará sempre

Se você tiver clareza sobre o quê, o como se resolverá.	*Jack Canfield*, Os princípios do sucesso

Imagine o seguinte roteiro:

Você está no avião, já com o cinto de segurança afivelado e pronta para a decolagem. A sua mala está bem guardada sob a poltrona à frente; a bandeja está travada; a poltrona, na posição vertical. Você até aproveitou para assistir à demonstração do colete salva-vidas e ler o cartão de instruções de segurança. Fez a sua parte. Está pronta para partir.

Então, quando está prestes a decolar, o piloto faz um anúncio espantoso: "Bom dia, pessoal. Obrigado por estarem conosco hoje. Estaremos no ar em breve, mas, para ser franco, não temos muita certeza de para onde queremos ir. Decidimos que vamos decolar e tentar descobrir no ar."

É difícil de imaginar, não é?

Obviamente, uma situação dessas jamais aconteceria na vida real. Toda vez que embarca num avião, você sabe para onde vai, e, o mais importante, o piloto também. Mesmo que o piloto tenha de fazer alguns ajustes e correções na rota a depender do tempo e das correntes de ar, a direção geral é clara.

O trabalho do piloto é se orientar na rota e tomar as melhores decisões possíveis ao longo do caminho.

Embora seja fácil rir do absurdo e da inutilidade completa de embarcar num avião sem destino, a realidade é que é essa abordagem que a maioria de nós adota na vida de modo geral em boa parte do tempo. Simplesmente vamos cumprindo as tarefas, tentando descobrir o que fazer ao longo do caminho, cuidando de todas as responsabilidades cotidianas e mantemos o avião no ar. No entanto, sem uma noção clara do lugar para onde vamos, é impossível tomar as melhores decisões.

Sem alvo, ficaremos sempre meio perdidas.

E é exatamente por isso que estabelecer metas — sobretudo aprender a pensar grande e a estabelecer metas arrojadas — é tão importante. Precisamos de grandes metas para realmente fazer grandes coisas e saber para onde vamos. Sem elas, só ficamos voando em círculos.

No Capítulo 8 falamos muito sobre pensar grande e sobre por que é tão importante estabelecer metas arrojadas que nos forcem a sair da zona de conforto e que nos incendeiem por dentro. Falamos sobre a ousadia de acreditar que você é capaz de mais, da ousadia de se forçar além dos limites atuais para criar algo extraordinário e da ousadia de estabelecer metas tão grandes que façam o seu peito se apertar e a sua barriga congelar.

Porque *essas* são as metas que motivam.

Lembre-se: quando estabelecemos metas que parecem seguras e alcançáveis, recaímos nas noções preconcebidas quanto à nossa capacidade e nos conformamos com a situação em que nos encontramos. Não há nada inerentemente motivador nisso. Por serem confortáveis e conhecidas, as metas não exigem que nos esforcemos, mudemos ou trabalhemos mais do que já trabalhamos. É aí que ficamos entediadas e perdemos o foco.

O oposto disso é aprender a reivindicar a nossa meta. É estabelecer uma grande meta e se comprometer com ela, uma meta tão grande que nos dê um pouco de medo. Com isso, nos forçamos a sair da zona de conforto e a entrar no desconhecido.

Não se esqueça: o frio na barriga e o aperto no peito são indicativos do tipo bom de medo, o tipo de medo de autopreservação que surge quando você precisa fazer coisas que acha que não consegue. E é esse o sentimento que você quer criar se comprometendo com metas arrojadas.

Portanto, vamos falar dos três passos para tornar as metas arrojadas uma realidade na sua vida.

1º PASSO: SONHE GRANDE

O que você faria se nada atrapalhasse? Dinheiro, família, educação, emprego... se nada disso fosse um problema? E se fosse só você numa sala cheia de possibilidades infinitas e zero limitação? O que você faria? Já se deu permissão para simplesmente *sonhar*, sem revisar de imediato ou listar na cabeça todas as razões para a ideia ser completamente impossível?

Na maior parte das vezes ficamos tão envolvidas na experiência da realidade atual que temos dificuldade para imaginar algo diferente. Estamos tão presas a todas as responsabilidades, limitações, frustrações e obstáculos que enfrentamos neste momento que não nos permitimos imaginar, nem por alguns minutos, que a situação possa ser diferente. Na nossa cabeça, a realidade atual é a única.

Nem sei dizer quantas vezes recebo cartas e e-mails de mães que me contam que querem criar grandes metas, mas estão tão ocupadas vivendo, criando filhos e cuidando de todo mundo que não têm ideia de quais seriam as suas grandes metas. Querem sonhar alto, mas não sabem como.

E têm medo de que seja tarde demais.

Mas posso lhe garantir que, onde quer que você esteja neste momento, *não* é tarde demais.

Não acredita?

Há incontáveis histórias de pessoas famosas e bem-sucedidas que começaram tarde na vida.

Martha Stewart publicou o primeiro livro aos 41 anos e lançou o seu futuro império de um bilhão de dólares — Martha Stewart Living — aos 47. Joy Behar era professora de inglês do ensino médio e entrou no show business aos quarenta. Vera Wang descobriu a sua verdadeira vocação como designer de vestidos de noiva enquanto planejava o próprio casamento aos quarenta anos. Julia Child chegou à fama como primeira chef a se tornar celebridade com mais de cinquenta. E Laura Ingalls Wilder publicou o primeiro livro aos 65.

E não é só gente famosa que prova que nunca é tarde para começar. Como parte do nosso estudo de pesquisa, descobrimos inúmeras histórias de mulheres que, mais tarde na vida, finalmente juntaram coragem para correr atrás dos seus sonhos ou tentar algo novo, embora temessem o que os outros iriam pensar ou dizer ou acreditassem que já tinham perdido o bonde.

Por exemplo, aos 54 anos Cheri Montgomery decidiu realizar o sonho de ser enfermeira. Mãe solo de três garotos adolescentes, frequentou a Escola de Enfermagem à noite enquanto trabalhava em horário integral durante o dia, e acabou se formando com louvor como a primeira aluna da turma.

Marie Bostwick dedicou quatro anos a escrever o primeiro romance e enfiou o original na gaveta, fingindo que não existia, com pavor de ser rejeitada. Por fim, com o quadragésimo aniversário se aproximando, ela juntou coragem para enviá-lo a agentes literários. E, embora realmente fosse rejeitada muitas vezes, ela continuou tentando, motivada pelo feedback estimulante que recebia, até enfim encontrar um agente que a aceitou. Catorze anos e muitos romances depois, ela adora causar impacto no mundo com os seus textos.

Amy Love queria emagrecer e entrar em forma, mas, não sendo do tipo atlético, tinha medo de não "se encaixar" na academia. Levou semanas para criar coragem e marcar um horário com um instrutor, mas seguiu em frente e começou a se exercitar regularmente, mesmo que só tivesse vontade de fugir. Um ano depois, está na melhor forma física da sua vida e tem mais energia e confiança do que nunca.

Eu poderia continuar, mas o fato é que o único limite para a sua capacidade, não importa onde esteja na vida neste momento, é a sua disposição para ter sonhos maiores. Por isso é tão essencial dar a si mesma permissão para começar a pensar sem nenhum julgamento ou autorrevisão. Deixe-se livre para sonhar com o *quê*, sem se preocupar agora com o *como*.

No Capítulo 8, fiz uma lista de perguntas em que gostaria que você começasse a pensar.

- O que eu sempre quis fazer?
- O que me interessa ou apaixona e pelo que nunca ousei correr atrás?
- O que eu faria se nada me atrapalhasse?
- O que me motiva ou me empolga a sair da cama pela manhã?
- O que sonhei fazer antes que a vida atrapalhasse?

- Onde eu gostaria de me ver daqui a cinco ou dez anos?
- Qual seria a vida dos sonhos para mim? Como ela é?

Agora está na hora de falar sério sobre se permitir sonhar alto. Para esse exercício, marque trinta minutos no relógio. Durante essa meia hora, desligue todas aquelas vozes na cabeça que, instantaneamente, lhe dizem que não é possível, que é burrice ou "quem você pensa que é para pensar em algo assim?". Apenas desligue e sonhe. Não se puxe para trás. Não se preocupe com o que é possível ou impossível. Não se preocupe com o modo de chegar lá. Não se autorrevise. Dê a si mesma trinta minutos para imaginar as possibilidades mais loucas, mesmo que pareçam malucas e irreais.

Dê a si mesma permissão para sonhar alto e só continue lendo depois de terminar esse primeiro passo.

2º PASSO: REDUZA SEU FOCO

O próximo passo, depois que você ousou começar a sonhar sobre todas as possibilidades, é *ter foco*. É bom estreitar as opções a *uma* coisa que você queira tornar realidade.

Veja, no 1º passo você teve de desligar a autorrevisão e o autojulgamento, mas neste passo você pode começar a trazer todas essas grandes ideias no ar de volta à Terra. Ainda que seja mais ou menos. Por enquanto não quero que você elimine algo só porque parece impossível ou pouco realista ou mesmo porque não faz ideia de como chegar lá. Não se preocupe com essa parte ainda.

Mas olhe para todas as coisas com as quais sonhou no 1º passo e se faça as seguintes perguntas:

- Por que essa ideia me empolga ou por que essa meta é importante para mim?
- Sinto um frio na barriga ou um aperto no peito quando penso nessa meta ou ideia? Ela me assusta? Por quê ou por que não?
- Numa escala de 1 a 10, sendo 1 pouco empolgada e 10 tão empolgada que mal consigo respirar, qual é o meu nível de empolgação com essa meta ou ideia?

Lembre-se: é importante não correr nesse processo. Dê tempo a si mesma para realmente pensar em cada um dos grandes sonhos ou metas que você visualizou, para identificar a motivação por trás de cada uma e para descobrir qual é a mais importante e empolgante para você.

A probabilidade é que, enquanto faz esse exercício e pensa sobre essas grandes metas e ideias com as quais ousou sonhar, a coisa que mais a empolga e apaixona fique clara.

Depois que tiver feito a si mesma essas perguntas sobre cada item da lista, está na hora de começar a restringir suas opções. Elimine tudo o que não tenha pelo menos nota 8 na sua escala de empolgação. Nem considere aqui que não provoca um volume extremo de paixão e energia dentro de você.

Então, a partir dos itens restantes, identifique a meta ou ideia que produz mais paixão e empolgação — e mais medo — dentro de você. Qual é a que parece claramente desconfortável porém estranhamente extasiante, tudo ao mesmo tempo? Qual é a que parece mais significativa, como se pudesse virar o jogo, ou que a deixa empolgada para pular da cama de manhã? Qual é a meta que parece certa?

Essa é a sua *única* meta.

Aliás, se nenhuma delas fizer você se sentir assim, ou você não está pensando grande o bastante ou só está sem prática de estabelecer grandes metas. Nesse caso, há algumas coisas a fazer.

Primeiro, procure inspiração em outros lugares: leia biografias de pessoas que admira; experimente fazer um curso (online ou presencial); pense em conversar com um amigo de confiança, um mentor ou até um terapeuta para resolver esse bloqueio mental. Depois, volte e repita o exercício de "pensar grande" do 1º passo e realmente se concentre em eliminar toda a autorrevisão e todo o julgamento.

Em seguida, olhe para as coisas que já escreveu até agora e tente aumentá--las ou multiplicá-las até que fiquem muito maiores e provoquem aquele friozinho na barriga ou apertinho no peito e você sinta uma paixão cintilante que a assusta um pouco. Às vezes é preciso dar um empurrão.

3º PASSO: COMPROMETA-SE

É aí que se põe o pé na estrada. O terceiro passo desse processo é *se comprometer* plenamente com essa grande meta. Escreva-a, diga-a em voz alta, faça o que for preciso para torná-la *real*.

Essa é a parte que assusta de verdade! É aí que o medo — junto da sua motivação — vai subir de marcha, porque você de fato se comprometeu a tornar realidade essa meta grande e doida.

Não basta sonhar alto; há muitos sonhadores no mundo. Não basta nem escolher uma só meta; há montes de sonhadores com uma única meta. O segredo é o compromisso. Você tem de se comprometer plenamente — tanto consigo mesma, por dentro, quanto com os outros, por fora — a tornar realidade essa a sua grande meta.

Ela precisa ser a primeira coisa em que você pensa ao acordar e a última em que pensa antes de dormir. Precisa estar na cabeça o tempo todo. Precisa ser real. Porque só quando se comprometer plenamente você ficará motivada para trabalhar um pouco mais, se levantar um pouco mais cedo ou ficar acordada até um pouco mais tarde, sair da zona de conforto ou dar mais aquele gás para fazer o que precisa ser feito.

O que é necessário para você se comprometer com a sua meta? Precisa contar a alguém? Múltiplos alguéns? Precisa publicar no Facebook ou escrever no espelho do banheiro? Precisa fazer um investimento de tempo ou dinheiro? O que a tornará real para você?

Somente quando se comprometer plenamente você estará pronta e disposta a fazer o que for necessário, pelo tempo que for preciso, mesmo quando for assustador, mesmo quando ficar difícil. É quando você percebe que vale a pena brigar por algumas coisas, mas primeiro você precisa estar *com tudo*.

É provável que você fique apavorada. E que sinta que não tem a mínima ideia do que está fazendo — pelo menos em uma parte do tempo. Talvez até o tempo todo. Mas, desde que se comprometa a continuar tentando, você acabará descobrindo. Sempre há um jeito, mesmo que agora você não saiba muito bem qual é.

O segredo do sucesso é garra e determinação, e isso começa com o compromisso total e completo. É preciso se comprometer com a sua grande meta, escrevê-la, dizê-la em voz alta a quem quiser escutar e torná-la 100% real.

Porque, assim que for real, você não poderá ignorá-la, e é *aí* que a magia acontece. Quando estiver plenamente comprometida a tornar realidade a sua grande meta, todos os sacrifícios que tiver de fazer — todo o sangue, suor e lágrimas que tiver de viver — não parecerão fardos nem imposições. Você fará de boa vontade, sabendo que a estrada nem sempre será fácil, mas que valerá a pena.

Portanto, vá em frente. Reivindique o seu alvo. Afinal, se não mirar em nada, você acertará todas as vezes.

capítulo dezesseis

encontre o seu *porquê*

o seu *porquê* tem que ser maior que o seu medo

> Se tivermos o nosso porquê na vida, avançaremos com quase qualquer como.
>
> Friedrich Nietzsche, *Crepúsculo dos ídolos*

Em 2014, fundei a Elite Blog Academy (EBA) para ensinar aspirantes a empreendedores, escritores, palestrantes, artesãos, pastores e ativistas a transformar a sua paixão num bem-sucedido e lucrativo negócio próprio na internet. Nos anos decorridos desde então, quase 10 mil alunos de mais de sessenta países do mundo fizeram o curso.

Tem sido muito incrível observar, mas preciso dizer que uma das melhores coisas de fazer mentoria para outros empreendedores e donos de negócios online é ver a transformação espantosa que acontece quando alguém pega uma ideia — quase sempre uma ideia que todos acham meio maluca — e a transforma em algo real e tangível, seja um produto, uma empresa ou mesmo um ministério ou movimento social.

Há um momento em que as pessoas percebem que realmente podem fazer muito mais do que já se acreditaram capazes, e, sendo bem sincera, acho que nada é mais empolgante ou gratificante.

Dito isso e tendo assistido na primeira fila a muitas dessas transformações assombrosas, sempre me espanto com a coisa única e simples que todas essas pessoas parecem ter em comum.

Elas têm um *porquê* que é maior do que elas.

Isso foi claramente verdadeiro com Jennifer Marx, mãe solo que precisava achar um novo modo de ganhar a vida quando ficou óbvio que o setor de guias de viagem no qual trabalhava havia quase vinte anos, estava rapidamente ficando obsoleto. Enquanto a renda despencava, ela se desesperava em busca de outro trabalho que pudesse fazer em casa e ajudar a filha, que passava por um período difícil.

À beira de perder a casa e a cada mês afundando mais em dívidas, Jennifer usou o último cartão de crédito para comprar o curso da EBA e dedicou cada grama de esforço a concluí-lo e montar a sua empresa online. Um ano depois ela já estava ganhando mais de 20 mil dólares por mês com o site JenniferMaker.com e, no processo, conseguiu pagar as dívidas e salvar a família.

Foi verdadeiro com Caroline Vencil, que acreditava ter arruinado a sua vida quando, com apenas dezoito anos, se tornou mãe inesperadamente. Até então, sempre sonhara se tornar diretora-executiva e dominar o mundo. Em vez disso, se casou, largou a escola e teve mais dois filhos em rápida sucessão.

Mas Caroline viu o potencial de abrir uma empresa online como oportunidade para se redimir e criar uma vida melhor para a família. Como no caso de Jennifer, o grande *porquê* de Caroline a levou a investir tudo o que tinha em fazer o curso. Em poucos meses, a receita do site *CarolineVencil.com* ultrapassou a renda do marido, e ela mudou completamente a trajetória de vida da família — como presidente da própria empresa de sucesso.

Também foi verdadeiro com Tasha Agruso, advogada empresarial superestressada que passava longas horas defendendo médicos em processos por imperícia, mas que queria dar um jeito de ficar em casa com os gêmeos de três anos — os bebês milagrosos que demoraram mais de cinco anos para serem concebidos. O dinheiro era bom, mas a pressão era violenta e ela queria sair.

Assim, embora quase não tivesse tempo livre na agenda, Tasha decidiu tentar de qualquer modo. Passou cada momento livre que tinha trabalhando no Kaleidoscope Living, seu site de decoração de casas, e em dezesseis meses estava ganhando mais dinheiro com o site do que como sócia do escritório de advocacia. Ela saiu da sociedade, abandonou o Direito e nunca mais olhou para trás.

No fim das contas, Jennifer, Caroline e Tasha conseguiram criar empresas de sucesso na internet porque o *porquê* delas era maior que o medo. Sim, elas tiveram de trabalhar muitíssimo. Também tiveram de correr riscos e tentar coisas novas, de levantar cedo e ficar acordadas até tarde. E tenho certeza de que houve muitas ocasiões em que ficaram frustradas, desanimadas e com vontade de desistir. Mas foi o *porquê* que as manteve avançando.

Eu me identifico com todas essas histórias porque, quando comecei, também foi o meu *porquê* que me manteve avançando. Estabeleci a meta de ganhar dinheiro suficiente para que o meu marido Chuck pudesse largar o emprego, mas a grande razão para a minha meta ser tão importante para mim é porque eu sabia que aquele emprego o estava matando.

Ele estava *péssimo*. Todos os dias eu o via voltar para casa um pouco mais derrotado, um pouco mais deprimido e um pouco mais exausto do que no dia anterior. Eu sabia que ele se sentia preso. Sempre tínhamos concordado que um de nós ficaria em casa com as crianças, e, como engenheiro aeroespacial, ele ganhava muito mais do que eu jamais pensei que ganharia.

Foi esse *porquê* que me motivou a aprender tudo o que podia sobre blogs e empresas online. Foi esse *porquê* que me levou a acordar todo dia às três da manhã — mais cedo às vezes — durante mais de três anos para trabalhar enquanto as crianças dormiam, para que eu ainda pudesse ser mãe durante o dia.

Foi esse *porquê* que me manteve avançando, mesmo quando era difícil, confuso e frustrante, mesmo quando tudo dava errado. Foi esse *porquê* que me forçou a sair da zona de conforto para tentar coisas que me apavoravam, como fazer vídeos, ir à TV, frequentar conferências e até *falar* em conferências.

E foi esse *porquê* que, no fim de tudo, construiu a minha empresa.

A melhor maneira — talvez a única — de se motivar a fazer coisas difíceis, a se esforçar fora da zona de conforto e a perseverar quando avançar fica difícil é ter clareza cristalina do seu *porquê*. Isso não vai necessariamente facilitar as coisas, mas fará a dor valer a pena. Às vezes isso basta.

Você conhece o seu grande *porquê*? Sabe o que a impulsiona e dá objetivo à sua vida? Sabe pelo que vale a pena lutar? E como usar essa motivação para chegar aonde quer estar?

Encontre o seu *porquê* e o resto se encaixará.

FABRIQUE UM CATALISADOR

Como parte do nosso estudo sobre o medo, a minha equipe de pesquisa e eu descobrimos que, inevitavelmente, cada história de superação da adversidade ou de vitória sobre o medo incluía um catalisador para vencer esse medo — algum tipo de *porquê* que motivou o entrevistado a agir. Em alguns casos uma pessoa tinha provocado a mudança, em outros havia sido um evento ou uma tragédia, e havia aqueles em que foi só uma escolha consciente. Mas sempre havia *alguma coisa*.

Ficamos curiosos com essa descoberta. A percepção de que todo ato de coragem é precedido por um catalisador inequívoco nos levou a cavar um pouco mais para ver se haveria um modo de classificar esses catalisadores de um jeito útil. No fim, percebemos que todos os diversos catalisadores podiam se resumir a cinco categorias:

- trauma, tragédia ou grande evento da vida
- oportunidade externa
- responsabilização ou incentivo
- inspiração ou educação
- insatisfação com a situação atual e escolha consciente de mudar

A linha contínua dos catalisadores

Na maioria das vezes, esses catalisadores podem se espalhar numa linha contínua que vai de fatores externos, como circunstâncias completamente fora do controle da pessoa, a fatores internos, como escolhas intencionais e circunstâncias que se pode controlar. Assim, por exemplo, no lado externo da linha, o catalisador pode ser um evento traumático ou uma tragédia — algo que aconteceu e forçou você a agir. No lado interno da linha, o catalisador pode ser simplesmente a escolha consciente de agir e não deixar o medo atrapalhar.

O ponto em que as coisas ficam mais interessantes é na variedade de catalisadores que ficam no meio — os que são uma combinação de intencionalidade e circunstância, trabalho e sorte, jogar com as cartas recebidas e deixar as fichas caírem onde der. Entre eles há coisas como as oportunidades, que em geral vêm de fora, mas também exigem que você saia e crie as suas. Os catalisadores intermediários também incluem a responsabilização, que pode acontecer de modo intencional ou sem querer, além de inspiração ou instrução, que envolvem alguém que dá e alguém que recebe.

Por que isso é importante quando se trata de superar o medo?

Bom, é importante porque mostra que temos mais controle do que pensamos em relação à fabricação de catalisadores que nos motivam a ir além do medo. Nem todos temos força de vontade ou ímpeto para "decidir" superar o medo, embora sem dúvida controlemos isso, mas *podemos* buscar intencionalmente inspiração, responsabilização e oportunidades melhores.

Portanto, se você tiver dificuldade para se conectar com o seu maior *porquê* ou em encontrar motivação para ir atrás ou para superar hesitações, pode ser útil começar criando algumas salvaguardas que a mantenham conectada com essa noção de propósito.

Se estiver tentando juntar coragem para abrir uma empresa, o seu catalisador fabricado pode ser tão simples quanto escutar um podcast inspirador ou de empreendedorismo toda manhã — algo que fique esporeando você para agir. Se estiver tentando atingir uma meta de emagrecimento, o catalisador pode ser contratar um instrutor ou entrar nos Vigilantes do Peso para ter mais responsabilização. Se estiver tentando buscar uma promoção no emprego, o catalisador pode ser criar mais oportunidades tomando a iniciativa de pedir ao chefe mais responsabilidade.

Se o *porquê* parece difícil demais agora, concentre-se em criar um ambiente à sua volta que a prepare para o sucesso. Você pode não controlar todas as circunstâncias da vida, mas controla muito mais do que pensa. Prepare essas salvaguardas e fabrique os catalisadores que sabe que acabarão levando à mudança.

CONECTE-SE COM UM PROPÓSITO MAIOR

Não faz muito tempo, estabeleci a meta de estar na melhor forma física da minha vida quando completasse quarenta anos. Depois de passar oito anos concentrada em fazer a minha empresa crescer e ficar quase todas as horas acordada diante da tela de um computador, observei o meu peso aumentar lentamente na balança, auxiliado por uma alimentação nem tão saudável assim, na qual Doritos era um grupo alimentar importante. Eu sabia que algo teria de ceder.

Não que eu não tivesse reconhecido o problema no passado, nem que não tentasse emagrecer de tempos em tempos. Tentei a Dieta da Sopa de Repolho, a Dieta GM, a Dieta Fat Flush, a Dieta do Metabolismo Rápido e a Dieta Zero Barriga, entre outras. As fáceis e chamativas em geral resultavam numa perda rápida de peso que eu, inevitavelmente, recuperava. As outras eram simplesmente complicadas e demoradas demais para eu seguir por mais de alguns dias.

Assim, comecei a me dizer que fazer a empresa crescer era a prioridade e que eu não tinha tempo para me concentrar em emagrecer, me exercitar ou comer direito. Tentei com desespero me convencer de que engordar não era tão ruim assim e que, como sou bem alta, talvez ninguém notasse.

Mas, lá no fundo, eu ficava cada vez menos à vontade na minha própria pele. Comecei a evitar espelhos e a me afastar do meu marido, por não querer que ele visse o meu corpo. No trabalho, também parei de aparecer. Dizia não às oportunidades de mídia e evitava vídeos e fotografias. Parei de publicar fotos minhas nas redes sociais.

Eu começara a acreditar que nunca conseguiria emagrecer e desisti de tentar.

Então, algo aconteceu. Fiz um retiro pessoal e passei cinco dias lendo, escrevendo e refletindo sobre o que acontecia na minha vida e na empresa e no que eu realmente queria. E tive duas grandes epifanias. A primeira foi que o meu casamento não estava prosperando. Eu me escondia de todo mundo, inclusive de meu marido, e, em consequência, estávamos com dificuldades. A segunda era que minha empresa não ia bem. Grande parte de nosso sucesso como empresa era resultado direto de minha capacidade de me conectar com os outros e ser genuína, e eu não fazia mais isso.

Pela primeira vez na vida, percebi que o modo como me sentia em relação a meu físico estava diretamente relacionado a minhas metas maiores, muito mais importantes e muito mais motivadoras, de ter um ótimo casamento e uma empresa de sucesso. Assim que consegui conectar aquela meta de emagrecer e entrar em forma a um propósito mais elevado, achei motivação para lutar por ela.

Agora, lembre-se de que saber meu *porquê* e me conectar com um propósito mais elevado não tornou o emagrecimento nem um pouquinho mais fácil. Ainda tive de realmente fazer o serviço de vigiar as calorias e me exercitar, mesmo sem vontade. Ainda tive de construir salvaguardas, como contratar um instrutor para me cobrar e um serviço de entrega de refeições que facilitou bastante escolher opções saudáveis. Ainda tive de escolher parar de comer Doritos.

Na maior parte do tempo não foi divertido. Porque eu odeio fazer exercícios. E gosto demais de Doritos. Mas me conectar com aquele propósito mais elevado me fez continuar avançando quando a situação ficou difícil. Ele me lembrava de que os sacrifícios que eu fazia valiam a pena e de que a dor que eu sentia traria dividendos no final.

Seu propósito maior pode não ter nada a ver com você. Sua motivação pode ser a noção de responsabilidade ou obrigação com a família, seus amigos ou uma causa em que você acredita profundamente. Talvez se sinta chamada por Deus e seu propósito seja apenas obedecer. Talvez sua motivação seja obter independência financeira para finalmente se sentir livre. Talvez você só queira fazer diferença no mundo.

MANTENHA SEU *PORQUÊ* NA FRENTE DA MENTE

Depois de se conectar com o seu propósito maior, é fundamental manter aquele seu *porquê* na frente da mente e ficar se lembrando do que é mais importante, várias e várias vezes.

Porque é fácil esquecer, principalmente quando a situação fica difícil.

E não se engane: a situação ficará difícil! Afinal, sempre que buscamos uma grande meta, saímos da zona de conforto, enfrentamos um medo ou vamos fazer algo muito importante ou muito grande, é exatamente aí que a situação começa a ficar difícil, esquisita, dolorosa e muito, muito real.

Para mim, não bastava me conectar com o meu propósito maior uma vez só; tive de me lembrar diariamente — todas as manhãs — exatamente *por que* essa meta de emagrecer era tão importante para mim. Tive de me lembrar como isso influenciaria o meu casamento, pensar em todas as coisas que eu queria na minha empresa e me lembrar de que entrar em forma era o primeiro passo desse caminho. Isso não me fez querer menos Doritos, mas me ajudou a me manter forte e também a voltar aos trilhos nas vezes em que cedi à tentação (que foram mais do que eu gostaria de admitir).

Para você, pode ser necessário escrever o seu *porquê* num lugar onde possa olhá-lo com frequência — num diário, na agenda, talvez no quadro branco do escritório. Talvez você precise criar um quadro de inspiração — uma representação visual de seu *porquê* — ou simplesmente pendurar uma imagem que lhe recorde esse propósito mais elevado. Pode ser simples como afixar uma afirmação no espelho do banheiro — algo que você leia toda manhã enquanto escova os dentes.

Ou podem ser todas as respostas acima.

A questão é garantir que você faça tudo o que está ao seu alcance para se conectar continuamente com o seu *porquê* e manter aquele propósito mais elevado diante da mente. Deve ser algo que você consulte diariamente, até mesmo várias vezes por dia, se for preciso. Deve ser a primeira coisa em que você pensa pela manhã e a última em que pensa à noite.

Assim, quando a situação ficar difícil, você estará equipada com um *porquê* tão grande que esmagará todos os medos.

capítulo dezessete

crie o seu plano de ação

decomponha as grandes metas
em pedaços factíveis

> Uma meta sem um plano
> é só um sonho. | *Dave Ramsey*

Nem todo mundo aprecia um bom plano tanto quanto eu.

O meu marido, por exemplo.

Na verdade, quando se trata de planejar, somos tão opostos quanto duas pessoas podem ser. Adoro saber o que está na agenda, enquanto ele tende a se estressar quando tem mais de duas coisas na lista de afazeres.

Ainda bem que, com o passar dos anos, aprendemos a pelo menos tolerar as esquisitices um do outro e encontrar um equilíbrio que funciona para nós dois. Eu sigo um plano estrito de segunda a sexta-feira e tento deixar o sábado e o domingo abertos para o que acontecer. Acho que você pode chamar de espontaneidade planejada, ou simplesmente tempo livre programado.

Por que estou contando isso? Acho que é principalmente para dizer, antes de mergulharmos nos detalhes do meu sistema de planejar o tempo, que eu *entendo* que planejamento não é para todos. E tudo bem. Mas também sei que, sem um plano de ação concreto, a maioria vai ficar andando em círculos.

No Capítulo 15 nós falamos sobre a importância de reivindicar o seu alvo — de se permitir a liberdade de sonhar alto, mas depois estreitar o foco e realmente *se comprometer* com uma única grande meta, tão grande que assusta. Naquele momento, eu pedi que você se preocupasse com o *quê* sem se preocupar ainda com o *como*.

Dito isso, a questão é a seguinte: depois de pensar grande e de ter clareza sobre o que de fato quer e por que quer é que você precisará começar a pensar no *como*.

Assim, embora talvez você prefira ser flexível e adaptável — talvez seja até excelente nisso —, se quiser mesmo cumprir as suas grandes metas e sonhos, você vai precisar de um plano concreto. Porém, enquanto passamos pelo processo de criar o seu plano de ação, não se esqueça de que, para a sua sanidade (ou a do cônjuge), talvez seja preciso embutir no plano algum tempo desestruturado também.

DECOMPOR O GRANDE EM PEDACINHOS

E como exatamente funciona esse processo de pegar uma grande meta e transformá-la num plano de ação que leve você até onde quer chegar? Afinal, , uma coisa é pensar em ideias malucas, e outra bem diferente é tentar realizá--las. Por onde é que se começa?

Na essência, fazer um plano é um processo de decompor a grande meta em pedacinhos, começando por "algum dia" até "este ano", depois de "este mês" a "este ano", depois de "esta semana" até "este mês" e então de "esta semana" até "hoje". É começar com as grandes coisas e filtrá-las até as decisões e etapas diárias que têm de ser cumpridas para levar você aonde quer. Afinal, atingir as maiores metas nunca acontece numa passada só. É sempre uma questão de movimento contínuo na direção certa.

Embora pareça supersimples — e é —, é incrível o quanto as pessoas nunca reservam tempo para isso. A maioria aborda os dias e as semanas com a mentalidade "o que é mais urgente?" e concentra energia e esforço nas coisas que parecem importantes e graves agora, sem necessariamente pensar em como essas tarefas se encaixam no quadro maior. Estamos sempre ocupados, mas nem sempre ocupados *com propósito*.

A questão da vida é que o tempo sempre será preenchido, e sempre haverá o que fazer, não importa o quê. Para a maioria, sempre haverá mais a fazer do que horas no dia.

Em certo momento, temos de escolher. E, se sempre escolhermos o que é urgente em vez do que é importante, será impossível atingir as grandes metas. É boa a probabilidade de que, se encontra muita dificuldade com a ideia de estabelecer grandes metas ou com a crença de que não há como fazê-las acontecer, você está há algum tempo presa no padrão de escolher o urgente em vez do importante.

É difícil arranjar tempo para essas grandes metas quando elas não parecem tão prementes quanto as crises que, por acaso, estão à nossa frente e quando os dividendos estão lá no futuro em vez de aqui mesmo no presente.. Isso é ainda mais verdadeiro quando a grande meta envolve algo difícil, doloroso ou nada agradável. A tendência natural é adiá-la a favor do que parece mais importante no momento ou do que vai nos dar aquela sensação imediata de satisfação.

Mas é exatamente por isso que é tão importante decompor as grandes metas em marcos menores, e depois esses marcos em pedaços ainda menores e mais viáveis, até você ter um conjunto de tarefas que pareça factível — tarefas que, quando cumpridas, lhe darão a satisfação e a realização de curto prazo de cortá-las da lista, e também a satisfação de longo prazo de saber que você está um passinho mais perto da sua grande meta.

Assim, se a sua grande meta é ficar 100% sem dívidas, talvez uma das grandes metas deste ano seja pagar todos os cartões de crédito, e talvez a grande meta deste mês seja pagar o cartão com o menor débito, e a grande meta da semana seja conferir as despesas, e a grande meta do dia seja parar de almoçar fora e de ir ao Starbucks.

Do mesmo modo, se a sua grande meta é se tornar uma romancista de sucesso, talvez uma das grandes metas deste ano seja realmente escrever o seu primeiro livro, a grande meta deste mês seja escrever os quatro primeiros capítulos, a grande meta de cada semana seja terminar um capítulo e a grande meta a cada dia seja escrever pelo menos mil palavras.

Se a sua grande meta for participar de uma maratona, mesmo que agora você esteja com vinte quilos a mais, então talvez uma das grandes metas este ano seja correr os primeiros dez quilômetros. Depois, talvez a grande meta do mês seja correr um quilômetro e meio sem parar, e a grande meta de cada semana seja correr pelo menos três vezes seguindo um programa para ir do sofá aos dez quilômetros. A partir daí, você ainda terá de tomar a decisão diária de correr ou não.

Aliás, se essas metas parecerem grandes, malucas e audaciosas, é porque *são* — essa é a questão! Se as metas que você escrever não forem grandes a ponto de assustar um pouquinho, antes de continuar talvez seja bom voltar e ver se dá para aumentá-las. Lembre-se, o céu é o limite. Você só atingirá a grandeza se realmente tentar alcançá-la.

Entende como isso funciona? Simplesmente pegamos a grande meta e a decompomos em etapas menores e mais factíveis em que seja fácil se concentrar, mas que também a levem para mais perto da grande meta.

RESERVA DE TEMPO

É claro que o pé realmente pisa na estrada para cumprir grandes metas quando decompomos a meta mensal numa lista de tarefas que possamos realizar a cada semana.

Gosto de começar o meu plano semanal usando uma página especial de planejamento (em inglês) chamado Weekly Wizard™, o mago semanal, que me ajuda a identificar a *prioridade* mais importante da semana — o grande foco —, assim como as três principais tarefas — as tarefas "A" —, que têm de ser absolutamente cumpridas naquela semana para eu me aproximar das minhas metas.

Como nenhum de nós vive no vácuo, além das nossas tarefas mais importantes, as que nos deixam mais perto da meta, também sempre haverá coisas na vida que *têm de* ser feitas — todas aquelas coisas que costumávamos priorizar porque pareciam mais urgentes. E, embora essas tarefas sejam importantes, deveriam ser consideradas tarefas "B" — itens que devem ser feitos, mas não antes das tarefas "A".

MINHA PRIORIDADE Nº *um*

MEUS BLOCOS **de foco**

UM ___:___ / ___:___

TENHO QUE FAZER
- _____
- _____
- _____
- _____

DOIS ___:___ / ___:___

DEVO FAZER
- _____
- _____
- _____
- _____

TRÊS ___:___ / ___:___

GOSTARIA DE FAZER
- _____
- _____
- _____
- _____

QUATRO ___:___ / ___:___

OUTROS PRECISAM QUE EU FAÇA
- _____
- _____

CINCO ___:___ / ___:___

um dia de *sucesso* é

SEIS ___:___ / ___:___

como vou *comemorar*

Lembre-se: são as tarefas "A" que deixarão você mais perto da sua meta de longo prazo! Assim, embora no momento pareça mais importante responder a um e-mail urgente, atacar a pilha de roupa suja ou pôr o jantar na mesa, a realidade é que, se quiser ser mais produtiva e realmente atingir as suas metas, é preciso se concentrar nas tarefas maiores e mais importantes! Afinal, o e-mail sempre estará lá; você pode pedir comida pronta; e, desde que ainda tenha roupa de baixo limpa, provavelmente a roupa suja também pode esperar.

Depois há as tarefas "C". São as coisas que você gostaria de fazer se tivesse tempo extra, mas que não precisam necessariamente ser feitas nesse momento e podem ser adiadas até a semana seguinte, for preciso. Essas *nunca* deveriam ser feitas enquanto as tarefas "A" não forem riscadas da lista.

Um adendo: essa folha Weekly Wizard está disponível como um bloco de folhas adesivas, que colo na página de planejamento da minha Living Well Planner® — a agenda para viver bem. Tanto o Weekly Wizard quanto a Living Well Planner estão disponíveis para compra pela internet em *livingwell.shop*, em inglês.

Só que, depois de preencher o seu Weekly Wizard, há mais um passo a dar quando se trata do planejamento semanal. Veja bem, quando tiver uma ideia clara do que precisa ser feito e da ordem de importância, você precisará reservar blocos de tempo na agenda para que tudo aconteça. Lembre-se, só fazemos o que reservamos tempo para fazer, e, se você não reservar tempo para as suas prioridades, o tempo simplesmente sumirá.

Em essência, esse é o processo de marcar um compromisso consigo mesma de cumprir uma tarefa e levar o compromisso tão a sério quanto qualquer outro presente na agenda. Comece marcando os compromissos reais — aqueles eventos, reuniões e consultas que não podem ser transferidos.

Em seguida — e essa é a parte realmente importante —, reserve na agenda blocos de tempo para todas as tarefas "A", as que deixam você mais perto das grandes metas. Lembre-se de que vai parecer estranho, pelo menos no começo, reservar tempo para coisas que talvez não sejam extremamente urgentes e prementes no momento. No entanto, para que o cumprimento da meta seja realmente uma prioridade na sua vida, será preciso reservar tempo e proteger esse tempo da mesma maneira que você protegeria qualquer um dos outros compromissos ou reuniões.

Depois de reservar tempo para as tarefas "A", seria bom também reservar tempo para as tarefas "B", em especial as que parecem mais urgentes. Mais uma vez, parece estranho a princípio reservar o seu tempo tão completamente, mas foi a melhor maneira que encontrei de garantir que eu cumpriria todas as minhas responsabilidades.

Eis mais algumas dicas para não esquecer:

- Sempre reserve mais tempo para uma tarefa importante do que acha que vai precisar. Quase sempre as coisas levam mais tempo do que pensamos! Comece se dando o dobro do tempo de que acha que vai precisar, e depois talvez passe para 50% a mais quando melhorar nas estimativas.
- Se puder, tente reservar o seu tempo em períodos de uma ou duas horas. A pesquisa mostra que esse é o tempo ótimo para trabalhar sem parar — o suficiente para realmente se aprofundar, mas não tanto que seu cérebro se desligue.
- Programe blocos de proteção todos os dias. Os blocos de proteção são períodos não estruturados que você pode usar para se recuperar caso se atrase ou para resolver qualquer problema urgente que apareça naquele dia. Veja que, quanto mais imprevisível o dia, mais tempo de proteção você deve incluir na agenda.
- Não se esqueça de reservar o tempo gasto com transporte e/ou se arrumando.
- Não tenha medo de marcar períodos para diversão e recreação — tempo para exercício, meditação, assistir TV, ler, ficar com a família ou simplesmente tempo livre não estruturado. Todo mundo precisa de uma pausa, e planejar o tempo ocioso permite que você o aproveite sem culpa, sabendo que não há nada mais que você "devesse" estar fazendo.

Em tudo isso, o segredo do sucesso é se comprometer e honrar os seus compromissos consigo mesma, da mesma forma que honraria um compromisso com outra pessoa. E, como tudo na vida, quanto mais você treinar, mais fácil ficará reservar o tempo.

DECISÕES DIÁRIAS

Eu gostaria de poder dizer, agora que você percorreu todo o processo de transformar a sua grande meta em passinhos de bebê e aprendeu o segredo de reservar o seu tempo, que tudo será fácil daqui para a frente. Afinal, você descobriu o que quer e exatamente o que é preciso acontecer para chegar lá. O trabalho duro está feito, não é?

Nem tanto.

A realidade é que, embora agora você tenha um mapa claro — ou, em termos modernos, você tenha programado o GPS —, ainda é preciso pegar o carro e ir até onde você quer.

Em outras palavras, você precisa tomar a decisão diária de seguir o plano e realmente fazer o trabalho. Precisa tomar a decisão diária de se concentrar nas tarefas maiores e mais importantes. Precisa tomar a decisão diária de ser o mais produtiva possível.

Nem sempre essa decisão é fácil. Às vezes, principalmente quando é difícil, não temos muita *vontade* de fazer o trabalho que precisa ser feito. Outras vezes somos sugadas pela tirania da urgência — o e-mail que exige nossa atenção, o projeto do trabalho que precisa ser terminado agora mesmo, o comentário mordaz da irmã, o bafafá dramático que explodiu na reunião de pais ao qual juramos que não daríamos mais atenção, a nova moda das dietas que todo mundo de repente está seguindo —, e fica difícil manter o foco na grande meta.

Alguns anos atrás, li um livro que mudou para sempre o modo como abordo a minha lista de tarefas diárias. Chama-se *Comece pelo mais difícil: 21 ótimas maneiras de superar a preguiça e se tornar altamente eficiente e produtivo*, de Brian Tracy. O nome em inglês do livro (*Eat that frog*, "engula aquele sapo") vem de uma citação atribuída a Mark Twain: "Engula um sapo vivo toda manhã e nada pior lhe acontecerá no resto do dia". Tracy completou o conselho: "Se tiver de comer dois sapos, coma o mais feio primeiro".[11]

O que eu quero dizer ao mencionar essa citação — e o livro — é que, se começar o dia atacando as tarefas mais difíceis (mais feias) porém mais importantes, você já terá feito muito, mesmo que não faça mais nada no resto do dia.

A vida é veloz, e é muito fácil ser sugada pelas tarefas mundanas — ainda que essenciais — do cotidiano. Em geral, passamos a maior parte do dia apagando incêndios e reagindo aos outros em vez de trabalhar de forma produtiva para realizar o que realmente queremos.

O principal problema de viver assim é que a força de vontade se esgota. Toda manhã, começamos o dia cheias de certa quantidade de autodisciplina, e, conforme avançamos, a resolução tende a se esvair. Quando começamos o dia nos concentrando nas coisas fáceis e mundanas, desperdiçamos a nossa reserva. Engolir o sapo feio logo de manhã significa ter energia e disciplina suficientes para realmente fazer o que é preciso.

E todos temos sapos para engolir, qualquer que seja o dia. Se falamos sério em atingir as nossas metas e realizar os nossos sonhos — não importa quais sejam —, temos de fazer a escolha diária de realizar algo, qualquer coisa, que nos deixe um passinho mais perto da linha de chegada.

Temos de ser determinadas para garantir que as coisas grandes sejam feitas primeiro. Temos de aceitar a verdade de que, se não reservarmos tempo para pôr as nossas metas de longo prazo em primeiro lugar, *nunca haverá tempo e energia suficientes para os nossos sonhos*. A obrigação do cotidiano sempre assumirá o controle.

Com o passar dos anos, aprendi várias e várias vezes que criar bons hábitos é o segredo para conseguir fazer as coisas. Quanto mais bons hábitos criamos para nós, mais força de vontade e energia mental nos restam para perseguir sonhos.

Portanto, se transformarmos o trabalho nas tarefas mais importantes em *hábito*, em algo que acontece automaticamente sem precisarmos nem pensar, o piloto automático do cérebro entrará em ação e teremos mais disciplina armazenada para atacar também as tarefas "B" e "C". Embora pareça quase bom demais para ser verdade, o fato é que, quanto mais pusermos no piloto automático, maior a reserva de força de vontade para as coisas que importam. Os nossos hábitos cotidianos, em última análise, determinarão o que faremos, e por isso precisamos dar importância a eles.

Por isso acredito que a melhor coisa que você fará por sua produtividade, suas grandes metas e seus sonhos é reservar os primeiros quinze minutos para planejar seu dia.

No meu planejamento diário, uso notas adesivas Daily Do It™ ("faça todo dia", que podem ser encontrados em livingwell.shop, em inglês). Notas são projetados para fazer o seu dia começar direito e manter você avançando para se concentrar nas tarefas maiores e mais importantes. O Daily Do It é, literalmente, a planta-baixa do dia produtivo. Ele lhe dará o foco e a clareza para realmente fazer as coisas — em geral, mais do que você achava que conseguiria. Sei que parece desperdício de tempo passar por esse processo todos os dias, ainda mais quando muitas tarefas são as mesmas de um dia para o outro, mas juro que isso multiplicará o que você consegue realizar.

Quando não reservamos tempo para planejar, ficamos andando em círculos. Mas, quando criamos um plano de ação diário e decompomos as grandes metas em pedacinhos viáveis, é muito mais fácil se manter nos trilhos.

E é assim que as nossas decisões diárias levam a grandes coisas.

COMO USAR O DAILY DO IT PARA PLANEJAR O SEU DIA

MINHA PRIORIDADE Nº 1. Qual é a *única* coisa que você pode fazer hoje para tornar todo o resto mais fácil? Esse deve ser o seu foco principal no dia. Veja se as tarefas que escolheu refletem esse foco.

TENHO QUE FAZER. Essas são as suas tarefas "A", as coisas que a deixarão um passo mais perto das suas grandes metas. Coloque-as no primeiro lugar da lista para não se esquecer de reservar tempo para elas.

DEVO FAZER. Essas são as tarefas "B", as coisas que precisam ser feitas, mas não se relacionam necessariamente com as grandes metas.

GOSTARIA DE FAZER. Essas são as tarefas "C", as coisas que você adoraria fazer se tivesse tempo, mas não se sentirá muito mal se não puder. Tome cuidado para não pôr aí nenhuma tarefa "A"!

OUTROS PRECISAM QUE EU FAÇA. É aí que você inclui os pedidos dos outros, as tarefas que alguém lhe pediu, mas que talvez não se encaixem necessariamente no resto do seu dia.

UM DIA DE SUCESSO É... Como medir o sucesso do dia? O que tem de acontecer para você sentir que resolveu? Há alguma coisa específica? Ou é só conseguir se manter concentrada o dia todo? Estabeleça a sua intenção com antecedência para ter um marco claro de sucesso.

COMO VOU COMEMORAR. Como você vai comemorar a vitória? Comemorar nos mantém energizadas e empolgadas com a nossa produtividade e nos lembra de que estamos fazendo progresso. Escolha um modo de se recompensar!

MINHA PRIORIDADE Nº *um*

TENHO QUE FAZER
○ ———
○ ———
○ ———
○ ———

DEVO FAZER
○ ———
○ ———
○ ———
○ ———

GOSTARIA DE FAZER
○ ———
○ ———
○ ———
○ ———

OUTROS PRECISAM QUE EU FAÇA
○ ———
○ ———

um dia de *sucesso* é

corno vou *comemorar*

capítulo dezoito

forme o seu clube da verdade

cerque-se de pessoas que a tornarão melhor

> Se andar com galinhas, você vai cacarejar; se andar com águias, vai voar.
>
> Steve Maraboli

Eu sempre sei quando encontro alguém que é "minha gente", como gosto de dizer. Os meus amigos mais íntimos são aqueles com quem posso ser sempre violentamente real — franca e vulnerável —, os que nunca me deixam com medo de ser julgada e os que nunca têm medo de ir fundo.

Em geral, posso dizer na hora, mas nem sempre. Com Gry, por exemplo, a conexão foi quase instantânea. Estávamos numa pequena conferência e, assim que ela levantou a mão e disse a mesmíssima coisa em que eu estava pensando — uma opinião que não era muito popular —, eu soube que ela e eu estávamos destinadas a sermos amigas. Acabei estendendo a viagem e dormindo no quarto de hotel dela só para ficarmos juntas por mais um dia.

Nós nos divertimos muito, depois nos separamos e, embora trocássemos algumas mensagens, não conversamos mais até dezoito meses depois, quando fui a Nova York, onde ela mora. Mandei uma mensagem para ver se ela podia almoçar comigo. Podia, e o almoço virou café, que virou happy hour, que virou jantar.

Foi aí que eu realmente soube. Porque os melhores amigos são aqueles que se reconectam com você como se tivéssemos nos visto ontem, mesmo depois de meses ou anos sem se falar.

Mas amo Gry porque ela me dirá, bem na cara, que sou idiota e que preciso tomar tento e mudar as coisas. Ela não tem medo de ser autentica e claramente não tem medo de dizer as coisas difíceis que outros não ousariam. E gosto de pensar que eu faria o mesmo por ela.

Já com Susie a conexão não foi tão instantânea. Susie é loira, muito doce e a pessoa mais animada e positiva que já conheci. Adora festas, e, admito, quando a conheci achei que fosse uma cabeça de vento e que não tínhamos nada em comum.

Então nos sentamos uma diante da outra num jantar e começamos a conversar, não sei como, sobre a nossa infância e sobre crescer com uma mãe doente mental. A conversa foi profunda, crua e vulnerável, e percebi bem depressa que a minha avaliação inicial estava completamente errada.

Porque, na verdade, Susie é brilhante. Além disso, a sua animação e positividade não são nada superficiais, mas resultado de muita luta e conquistadas com esforço. Susie superou a pobreza, a falta de um lar e um primeiro marido abusivo — coisas que facilmente derrotariam a maioria — e se recusou a desistir ou a inventar desculpas.

Então, há Laura, que eu sabia que era minha gente antes mesmo de nos conhecermos. Ela era amiga íntima de Gry e Susie, e as duas me disseram que eu tinha de conhecê-la e disseram o mesmo a ela. Quando finalmente fizemos contato, foi como se fôssemos amigas desde sempre.

Essas três mulheres, todas inteligentes, engraçadas e reais, formam o meu "Clube da Verdade". São elas que me animarão e me cobrarão responsabilidade, que não têm medo de me dizer que estou errada mas que também me dirão quando eu estiver no rumo certo. Elas me fazem rir. Elas me fazem chorar. Mas sempre, sempre, sempre, têm os pés na realidade. Não há fingimento, pose, bobagens; só verdade, vulnerabilidade, autenticidade e o desejo mútuo de incentivar umas às outras para vencer o medo e nos tornarmos melhores.

De tantos em tantos meses, nos reunimos pessoalmente durante três dias de mentoria e fazemos videoconferências uma vez por mês só para saber notícias e nos cobrar umas às outras. Trocamos mensagens regularmente, às vezes para incentivar, às vezes para pedir conselhos, mas sempre para dar apoio.

Eu não poderia ser mais grata por essas três mulheres e pelas outras amizades profundas e reais que fiz com o passar dos anos. Adoro ter na vida pessoas que me dizem a verdade, aconteça o que acontecer, e, quanto mais velha fico, mais percebo que é valioso ter esse tipo de relacionamento na vida — amizades que não arranham a superfície somente, mas que promovem a responsabilização em sua essência. Relacionamentos que nos fazem acreditar que somos capazes de fazer mais.

AS PESSOAS DE QUEM VOCÊ SE CERCA SÃO QUEM VOCÊ SE TORNARÁ

O escritor e empreendedor Jim Rohn disse, certa vez, que somos a média das cinco pessoas com quem passamos mais tempo.[12] Embora talvez haja um pouco de exagero nisso, a verdade é que as amizades e relações têm um impacto imenso sobre o modo como levamos a vida, percebamos ou não.

A pressão para se encaixar e se ajustar começa na juventude e nunca vai embora. Nós nos vestimos de certo jeito, falamos de certo jeito, participamos de certas atividades, assistimos a certos programas de TV, comemos certos pratos, torcemos por certos times, gostamos de certas celebridades, usamos certos carros, votamos de certa forma, compramos em certas lojas, lemos certos livros e discutimos certos tópicos porque as pessoas à nossa volta — as pessoas de quem nos cercamos — fazem a mesma coisa.

Pensamos que fomos nós que escolhemos, mas será mesmo? De que maneira o nosso gosto mudaria se de repente fôssemos desenraizadas e jogadas numa comunidade completamente diferente daquela onde estamos agora?

Ano passado, o meu marido e eu nos mudamos com a família de volta à minha cidade natal de Lynden, no estado americano de Washington, durante um ano para ficarmos mais perto da minha mãe, recentemente diagnosticada com demência. Com uma população que descende principalmente de imigrantes holandeses, Lynden é uma daquelas cidades pitorescas que parecem peculiares demais para serem reais. Por ter crescido nessa cidadezinha, nunca notei todas as normas e comportamentos sociais sutis exclusivos dessa comunidade, mas o meu marido, que veio de fora, percebeu com clareza.

Por exemplo, em Lynden, sempre que se conhece alguém é preciso "fazer a conexão". É um processo às vezes chamado de "bingo holandês". Você descobre qual é a família da pessoa e imagina como ela pode estar ligada a você, se é pela igreja, pela escola ou por laços familiares. Chuck sempre achou esquisito que desconhecidos fizessem a conexão de que o primo em segundo grau do seu sogro tinha se casado com a cunhada da tia-avó deles (ou algo assim!).

E havia outras coisas que também notamos enquanto moramos naquela cidadezinha. Muitas mães tinham um estilo bem típico, semelhante entre elas mas muito diferente do modo como as mães se vestiam na Flórida. Ninguém cortava a grama no domingo. As conversas tendiam a girar em torno dos esportes. Não é que todo mundo tentasse se encaixar de propósito, mas havia uma cultura bem distinta, e, só por morar lá, não havia como não sofrer o impacto.

Claro que Lynden é única porque a maioria da população mora lá a vida toda, vindo de famílias que estão lá há gerações, o que a torna uma sociedade um tanto fechada. E, embora não sejam *tão* homogêneos, a maioria dos círculos sociais tende a desenvolver um conjunto de normas próprias.

E não há nada necessariamente errado nisso, desde que você tenha certeza de que as normas a que está se adequando, conscientemente ou não, são normas às quais você realmente *quer* se adequar.

Se trabalha numa organização na qual as pessoas tendem a ser negativas e desmotivadas ou onde a cultura inclui muita fofoca e reclamação, provavelmente, em algum momento, você verá que também entrou nesse esquema. Se as mulheres da academia que frequenta parecem mais preparadas para a passarela do que para a esteira, talvez você comece a fazer um esforcinho a mais para se apresentar melhor. Se todos na igreja falam em "cristianês", provavelmente você também vai falar — em geral, sem nem perceber. Se os pais do seu círculo são obcecados por colocar os filhos na faculdade "certa" ou no time de futebol "certo", você também ficará assim.

E, se as pessoas de quem se cerca não têm uma mentalidade de crescimento — se não estão interessadas em sair da zona de conforto, tentar coisas novas e estabelecer grandes metas —, então pode ser bem difícil achar motivação para isso na sua vida, pelo menos em termos constantes.

E qual é a solução? Largar todos os amigos e trocá-los por outros melhores? Deixar o cônjuge e a família para trás? Como criar uma nova cultura de crescimento em torno de si se você ainda leva a vida na cultura antiga? Como se libertar das normas sociais que puxam você para trás sem queimar todas as pontes?

Não é tão impossível quanto parece.

PROCURE SUA TRIBO

Só para registrar, acho que abandonar a família e largar todos os amigos não é a solução certa. Dito isso, se percebeu que as normas sociais do seu círculo atual estão impedindo que você explore todo o seu potencial ou a mantêm presa num padrão que você não quer mais, talvez esteja na hora de expandir esse círculo e até alocar seu tempo de forma mais seletiva.

Juro que *há* pessoas no mundo que são a *sua* gente — pessoas com quem você sentirá uma forte conexão, com quem pode ser real e autêntica, que lhe darão aquele empurrãozinho para ser melhor e não terão medo de cobrar quando você precisar. Há pessoas esperando alguém igual a você para iluminar e enriquecer a vida delas, do mesmo modo que poderão iluminar e enriquecer a sua.

Mas *você* terá de achá-las.

Provavelmente, isso significa sair da zona de conforto das pessoas que você já conhece e com quem se associa para fazer novos amigos. Pode significar fazer contato com alguém que não conhece bem, mas que pode ser uma pessoa que você admira ou vê de longe como exemplo. Pode significar partir para novas atividades — fazer um curso, comparecer a uma conferência, entrar num grupo do Facebook ou num fórum na internet, participar de um clube do livro ou da Câmara de Comércio e até procurar uma comunidade como Doing It Scared, que você pode encontrar em *doitscared.com*, em inglês.

Eu sei que no começo tudo isso pode parecer um pouco assustador, ainda mais se você passou a vida inteira dentro do mesmo pequeno círculo. Mas juro que fica mais fácil com o tempo. Mais ainda, depois que se abrir para a possibilidade de encontrar e fazer novos amigos, você vai se espantar ao ver que as pessoas certas começam a aparecer na sua vida.

É meio como quando você pensa em comprar um carro novo — fase pela qual passei recentemente. Fiz pesquisa, li resenhas, pensei muito sobre o que queria e acabei reduzindo as opções a duas: um Ford Explorer e um Lincoln MKC.

Agora, antes de pensar num veículo novo, eu nunca prestava atenção aos carros. Por que prestaria? Durante cinco anos Chuck e eu tivemos o mesmo carro, e ele me levava para quase todo lado. Mas aí, depois que me decidi, eu saía de casa e só via carros. E sabe que carros eu notava mais do que todos? Os Ford Explorer e os Lincoln MKC. Era como se estivessem literalmente onde quer que eu fosse!

Isso significa que de repente houve um imenso fluxo de Fords e Lincolns nas ruas? A fábrica teve algum tipo de crise de superprodução que, por acaso, coincidiu com o meu desejo de comprar um carro novo?

É claro que não.

Eu via esses veículos específicos por toda parte porque eles eram o que o meu cérebro estava preparado para ver. E é o mesmo com as pessoas. Quando identificamos o tipo de amizade que procuramos, o cérebro se prepara para ver essas oportunidades. Às vezes basta começar a estabelecer a sua intenção.

COMO PROMOVER A REAL RESPONSABILIZAÇÃO

Mas o que fazer quando você encontrar sua gente? Como aprofundar esses relacionamentos, criar diálogos significativos e promover a real responsabilização, do tipo que falamos no Capítulo 11? Como realmente *formar o* seu próprio Clube da Verdade?

Comece encontrando pelo menos uma pessoa de confiança que possa oferecer a responsabilização e o apoio que você procura e que esteja aberta a receber em troca o mesmo tipo de responsabilização e apoio. Talvez até seja bom criar esse relacionamento com várias pessoas em diversas áreas da sua vida. Por exemplo, alguém que a cobre do ponto de vista profissional, mas talvez você também queira ser cobrada para emagrecer, ser uma mãe ou pai melhor ou aprofundar a sua vida espiritual.

Por exemplo, além do meu Clube da Verdade, tenho várias outras amigas íntimas que oferecem responsabilização de maneiras diferentes. Bonnie, que conheço desde que os nossos filhos fizeram juntos a pré-escola, se encontra comigo regularmente para almoçar e falar abertamente sobre os desafios de administrar uma empresa e ser mãe. Alysha, amiga que me conhece desde a sexta série, sempre consegue como ninguém trazer um ponto de vista mais amplo aos problemas. Edie é mais uma mentora espiritual, alguém que me incentiva a pensar mais profundamente sobre a minha fé. Laura e Heather, amigas e colegas de trabalho que fazem parte da minha equipe executiva, me questionam no trabalho quase todo dia.

Cada um desses relacionamentos é precioso para mim, e cada um deles traz responsabilização, embora de maneiras muito diferentes. São esses relacionamentos que me mantêm nos trilhos, com o pé no chão, as amizades que me desafiam a ser melhor e me empurram na direção para onde quero ir.

Mas as parcerias de responsabilização não têm de se limitar a relacionamentos individuais. Você também pode entrar ou criar o seu grupo de responsabilização, como mentorias de negócios, grupos de exercícios, grupos de escrita ou de estudo bíblico. Os grupos de responsabilização tendem a ser um pouco mais formais e podem ser um jeito ótimo de promover relacionamentos individuais adicionais com pessoas interessadas em crescer.

Apenas lembre-se de que o segredo de criar qualquer parceria de responsabilização, seja com uma só pessoa ou com um grupo, é encontrar pessoas que estejam tão comprometidas com a ideia quanto você, que operem a partir de uma mentalidade de crescimento e desejem genuinamente ver na vida delas o mesmo tipo de mudança e transformação que você procura criar na sua.

Eis mais algumas dicas para promover a verdadeira responsabilização nos seus relacionamentos.

Ouse ser vulnerável. A responsabilização não funciona se você ficar na defensiva ou tentar apresentar uma versão polida sua que não representa com exatidão o que você sente por dentro. Embora essa ainda possa ser a armadura que você apresenta ao mundo em geral, esse escudo precisa cair com as pessoas que você confia que vão cobrá-la.

Também não se esqueça de que é facílimo ficar na defensiva, tentar se proteger ou se esconder atrás da máscara quando você se sente estressada, emocionada ou exausta. Nessas ocasiões, a responsabilização vai parecer mais assustadora, porque até o feedback mais gentil parecerá uma crítica dura.

Os bons parceiros de responsabilização serão capazes de ver, pelo menos em algum momento, que você está vestindo essa armadura ou se escondendo atrás das suas defesas habituais. Então, eles a incentivarão a superar esse instinto e ir até o âmago da questão.

Estabeleça algumas regras básicas. Nem toda parceria de responsabilização precisa ser formalizada, mas não é má ideia estabelecer algumas regras básicas para que todos estejam na mesma linha e à vontade para empurrar ou serem empurrados.

As regras básicas do nosso Clube da Verdade incluem manter a confidencialidade (o que nem deveria ser preciso citar, mas às vezes precisa ser dito), além de diretrizes sobre quando se dá um feedback e quando é hora apenas de escutar. As regras básicas também podem incluir palavras ou expressões a evitar e talvez até os métodos de comunicação preferidos.

Tenha clareza sobre as suas metas. É difícil oferecer responsabilização quando não há metas e objetivos para cobrar assim, garanta que os membros do seu Clube da Verdade tenham muita clareza ao compartilhar suas metas e que sejam diligentes para acompanhar não só as próprias metas, mas também as metas dos parceiros.

Talvez isso signifique reafirmar as suas metas sempre que se reunirem ou quem sabe publicá-las em algum lugar, como um arquivo compartilhado no Google Docs, uma pasta no Dropbox ou até uma série de mensagens.

Seja deliberada com o seu tempo. É fácil sair dos trilhos e evitar conversas duras. Portanto, para aproveitar ao máximo o tempo de responsabilização, estabeleça algumas intenções no começo. O que você mais quer obter com o tempo em que estão juntas? Com qual assunto você tem dificuldades e gostaria de ajuda para pensar? Em que aspecto precisa de um empurrãozinho? Em que campo precisa ser incentivada?

Fazer esse tipo de pergunta ajuda a determinar o tom, despir o fingimento e abrir a conversa.

Faça contato regularmente. Para a maioria, às vezes a vida fica muito ocupada, e, quando está uma loucura, quase sempre os relacionamentos sofrem. Como dar prioridade a essa parceria de responsabilização? Talvez seja bom marcar um compromisso recorrente na agenda ou fazer questão de entrar em contato uma vez por semana ou por mês — como parecer melhor.

Bonnie e eu sempre marcamos o próximo almoço antes de nos despedirmos, porque sabemos que, se não fizermos isso, vão se passar meses antes de nos vermos de novo. Do mesmo modo, com o meu Clube da Verdade, marcamos data e hora regulares para as ligações mensais e agendamos cada uma das nossas reuniões de três dias de mentoria com vários meses de antecedência, para garantir que estejam firmes na programação de todas.

Faça perguntas e dê um empurrãozinho. A parte mais importante da responsabilização é ser capaz e estar disposta a fazer perguntas ponderadas de sondagem e dar um empurrãozinho quando necessário. Isso pode significar chamar a atenção de alguém quando essa pessoa agir fora de sincronia com as metas ou crenças dela. Ou pode significar incentivar alguém quando vir que as crenças limitantes da pessoa a estão puxando para trás.

É aí que a responsabilização pode ficar desconfortável, porque é quando saímos da zona de conforto e entramos em território desconhecido. É um pouco assustador, mas o ponto é esse mesmo. Porque todo mundo precisa da responsabilização pra valer.

Portanto, vá formar o seu Clube da Verdade. Faça o que for necessário para descobrir a sua tribo e se cerque de pessoas que a tornarão melhor e a inspirarão a agir. Pode ser a coisa mais importante que você já fez.

capítulo dezenove

pare de se comparar

crie a vida que ama, não a vida que os outros querem

> A comparação é o ladrão da alegria.
>
> *Theodore Roosevelt*

Nunca falha.

Uma vez por ano, no início de março, durante cinco dias apenas, abrimos as matrículas para a Elite Blog Academy e recebemos uma nova turma de alunos dispostos a transformar a sua paixão numa empresa em tempo integral. E, nessas primeiras semanas, o entusiasmo dispara. Todos estão começando no mesmíssimo lugar, com a mesmíssima missão. Cada aluno que chega está cheio de adrenalina por abordar algo novo, e é impossível para os ex-alunos não se revigorarem com a energia. Há uma sensação de possibilidade infinita no ar.

É muito divertido!

Então, em meados de abril, a energia, a empolgação e o entusiasmo iniciais começam a diminuir. Porque a realidade é que construir *qualquer* tipo de negócio lucrativo e bem-sucedido dá muito trabalho, e montar um negócio na internet não é exceção. Sim, as possibilidades são infinitas, mas ainda há muito esforço envolvido. É nesse ponto que os alunos têm de baixar a cabeça e realmente trabalhar — o próprio trabalho, na própria empresa, no próprio tempo.

A maioria dos alunos descobre isso, pelo menos em algum momento. Eles começam a avançar pelas lições, uma de cada vez, no próprio ritmo, deixando cada unidade se basear na anterior, do jeito como o curso é projetado. São esses os alunos que acabam alcançando o sucesso, embora para alguns a jornada seja muito mais longa do que para outros.

Mas sempre há pelo menos meia dúzia que acaba se enredando no que os outros estão fazendo. Eles começam a comparar as suas ideias com as dos outros alunos e passam a duvidar de si mesmos. Notam que alguns avançaram pelas lições com mais rapidez e começam a acreditar que estão ficando para trás. Em vez de se concentrarem no seu trabalho e no caminho aberto para eles no curso, começam a procurar respostas em outros lugares — lendo todas as notícias que surgem sobre o tema dos blogs, conversando sem parar em fóruns e grupos do Facebook, escutando dezenas de podcasts e fazendo vários cursos online ao mesmo tempo, tudo para aliviar o medo de que estejam perdendo alguma coisa.

No processo de toda essa distração, recebem tantos conselhos conflitantes que ficam praticamente paralisados pela indecisão. Passam tanto tempo olhando para os outros que não conseguem se concentrar no próprio trabalho.

Não surpreende que esses sejam os alunos que ficam travados.

Quer você esteja tentando construir uma empresa, organizar o lar, ser promovida no trabalho, quer deseje simplesmente criar uma vida que ama, a comparação é uma armadilha gigantesca que vai sugar você e não largar mais.

E, vamos encarar, é difícil se concentrar no seu caminho quando há tantas oportunidades de se distrair. As redes sociais oferecem um lembrete constante de todas as coisas que *não* estamos fazendo e de todas as coisas que podemos estar perdendo. Comparamos empregos, roupas, carros, casas e *status*, sem mencionar habilidades parentais, vida social e até relacionamentos.

Não importa se vamos muito bem numa área, sempre há alguém que parece melhor ou que vai bem nessa área e em *mais* alguma outra.

Mas, exatamente como aqueles alunos da Elite Blog Academy, quanto mais olhamos em volta para ver o que os outros estão fazendo, e quanto mais comparamos o nosso progresso com o dos que nos cercam, menos sucesso seremos capazes de criar na nossa vida e menos satisfeitas ficaremos.

A comparação gera descontentamento e, no fim das contas, não há como vencer esse jogo. Mesmo assim, há um modo de evitar a armadilha da comparação que derruba tanta gente.

SAIBA COMO É O SUCESSO PARA VOCÊ

Acho que a maior razão para a comparação ser tão sinistra é o fato de que ela não acontece num campo de jogo nivelado. O que você quer e o que você vê como sucesso são um destino exclusivo *seu*. Isso significa que, em geral, as pessoas com quem você se compara estão numa jornada completamente diferente, com regras e objetivos diferentes.

Se a sua maior meta não é ter uma casa que pareça capa de revista nem dirigir um Cadillac Escalade, que sentido faz se comparar — ou a sua casa e o seu carro — com a amiga que fez disso um objetivo primário? Se você não tem interesse em subir na carreira e fazer nome no mundo dos negócios, então por que se ressente da cunhada que tem esse interesse? Se viajar pelo mundo não lhe provoca paixão, então porque se sente inadequada toda vez que ouve falar das aventuras dos outros?

A sua jornada é *sua* jornada, e, no fim de tudo, criar uma vida que você ama significa reconhecer exatamente o que é mais importante e mais significativo para *você*. Mas também significa entender que o que é importante e significativo para você não será o mesmo que é importante e significativo para os outros, e vice-versa. E tudo bem.

Você não tem de se provar a ninguém além de você mesma.

Mais ainda, você não tem de justificar nem explicar as suas metas a mais ninguém nem modificar os seus sonhos para se encaixar nos ideais dos outros. Essa jornada é *sua*. Se der certo para você, isso basta.

É claro que o segredo aqui é ter clareza cristalina quanto ao que *você* quer e descobrir exatamente como é o sucesso para você. É um trabalho extraordinário que a deixa superapaixonada? Muito tempo livre para ficar com a família ou a capacidade de ficar em casa com os filhos? É não ter mais dívidas ou pagar a hipoteca? É uma casa maior? Um carro melhor? Mudar-se para um bairro mais legal? É promover relacionamentos mais profundos e significativos com as pessoas mais importantes para você? É emagrecer ou entrar em forma? É abrir uma empresa? É vender tudo o que você tem, comprar um barco e navegar pelo mundo? Ou é uma paixão pela justiça, pela diminuição da pobreza ou pelo meio ambiente? Ou um desejo de amar e servir a Deus?

O que *você* quer mais do que tudo? O que significa criar uma vida que ama para *você*, ou para você e o seu cônjuge, ou para você e a sua família? Porque, no fim das contas, é *você* quem tem de vivê-la e conviver *com* ela.

É por isso que se comparar com os outros é uma proposta derrotada. Afinal, quando se compara, você compara o seu caminho com o mapa de outra pessoa. Ou seja, o único resultado possível é se perder.

Portanto, se quiser evitar a armadilha da comparação, o primeiro passo essencial terá de ser a clareza absoluta sobre o que você mais quer e sobre as suas prioridades e o caminho que terá de percorrer.

Ainda bem que esse é um processo sobre o qual que já falamos. Veja bem, isso acontece quando você reivindica o seu alvo e se concentra na sua grande meta. E se solidifica ainda mais quando você encontra o seu *porquê* e identifica o significado mais profundo por trás daquela grande meta. O seu plano de ação, então, é o seu mapa — o caminho que você precisa percorrer para chegar aonde quer.

MANTENHA O FOCO

Embora já tenhamos trabalhado para criar esse plano de ação e embora você talvez já tenha o seu mapa para seguir, a realidade é que há distrações por toda parte. Criar o plano não é o mais difícil; baixar a cabeça, pôr os antolhos, confiar no plano e realmente fazer o trabalho... *isso* é o mais difícil!

Agir e seguir sem permitir que você se distraia ou saia do caminho é *sempre* o mais difícil. Porque, vamos ser francas: é absolutamente assustador pôr a sua fé num plano que pode não dar certo. Mas vou dizer outra vez: a ação é o antídoto do medo. E o segredo do sucesso que tanta gente nunca percebe é que, enquanto continuar dando passinhos numa só direção, você acabará chegando lá.

O problema para a maioria não é escolher o caminho errado; não, o problema da maioria é ficar pulando de um caminho para outro toda vez que ouve uma ideia nova ou se influenciar pelo que os outros estão fazendo. Assim, em vez de criar ímpeto numa só direção, as pessoas acabam andando em círculos ou indo e voltando, sem nunca chegar a lugar nenhum.

É exatamente o que acontece com os alunos da Elite Blog Academy que passam o tempo todo comparando o seu progresso com o dos outros, escolhendo quais missões querem cumprir ou tentando fazer tudo o que os outros dizem, seja ou não o que melhor se encaixa na etapa em que estão ou no lugar para onde querem ir.

E é exatamente o que acontece com *qualquer* meta quando você não se dispõe a baixar a cabeça, pôr as viseiras e fazer o serviço.

Pense nisso.

Digamos que a sua maior meta agora seja pagar a hipoteca e os cartões de crédito e ficar 100% livre de dívidas. E, durante alguns meses, você vai *muito bem*. Para de comer fora, dá um tempo nas comprinhas e corta despesas a cada passo do caminho.

Mas aí... a vida acontece. Você começa a ver toda a diversão que as suas amigas publicam nas redes sociais: férias, roupas novas, baladas. Começa a sentir um pouco de inveja. Começa a olhar em volta um pouco mais, e a grande meta que parecia tão importante e valiosa começa a não ser mais tanto assim. Você sente falta da diversão. Aos poucos, começa a retomar os velhos hábitos. Um Starbucks aqui, uma roupa nova lá, o jantar cada vez mais regular no restaurante favorito. Até que um dia você percebe que voltou ao ponto de partida.

Seja qual for a sua meta, a mesma história acontece numa infinidade de maneiras. Há o primeiro período inicial de entusiasmo e energia, o período que parece novo e empolgante. Há a parte em que você se sente quase explodindo de energia, como se nada pudesse atrapalhar. É o surto inicial de adrenalina que vem de sair da zona de conforto. É extasiante.

Mas nunca dura.

Porque, entenda, em seguida vem a bagunça do meio — a parte em que você cai na real e que talvez seja até dolorosa. É aí que o trabalho duro acontece, e é a parte geralmente bagunçada, frustrante e cansativa — mas também totalmente necessária.

Porque é difícil e *porque* é dolorosa, também é aí que as pessoas começam a olhar em volta atrás de algo que pareça mais fácil, divertido e empolgante.

Elas comparam onde estão agora — a bagunça do meio — com outra pessoa que já fez o serviço e chegou do outro lado. Ou comparam a sua situação com a de alguém que está no primeiro estágio de energia e entusiasmo, e querem voltar lá.

Mesmo que isso signifique recomeçar com algo novo e nunca chegar a lugar nenhum.

Dependendo da meta, o estágio da bagunça do meio pode durar um tempo *realmente* longuíssimo. Semanas, meses e até anos. Exige determinação, perseverança e garra para ser superado, além da disposição para pôr as viseiras, seguir o plano e fazer o trabalho que tem de ser feito.

A última fase é a realização — a parte em que você já fez o trabalho duro, causou impacto e agora colhe as recompensas do serviço bem-feito. Infelizmente é uma fase na qual nem todo mundo chega, porque muita gente fica presa ou frustrada na bagunça do meio e decide continuar recomeçando, outra, outra e mais outra vez.

Não deixe que isso aconteça com você.

Quando tiver a sua meta diante de si e o seu plano pronto, ponha as viseiras. Pare de olhar em volta e pare de comparar. Confie no processo e entenda que *é para ser difícil*. Se fosse fácil, todo mundo estaria fazendo.

Lembre-se: as maiores realizações são aquelas pelas quais você teve de trabalhar.

PRATIQUE A GRATIDÃO

É claro que, quando se trata de ficar fora da armadilha da comparação, há mais um passo essencial que pode fazer uma tremenda diferença, não importa em que estágio da jornada estejamos.

É praticar a gratidão.

Nada faz mais baixar a cabeça e mudar o ponto de vista do que reservar tempo para pensar sobre as coisas pelas quais você é grata.

Na vida cotidiana, a comparação quase sempre causa descontentamento — a sensação de que o que temos ou conseguimos ou onde estamos agora não é suficiente. Embora nem todo descontentamento seja ruim — às vezes precisamos desse empurrãozinho para nos incentivar a enfrentar o medo e mudar —, a angústia que vem de sentir que o que temos é insuficiente em comparação com alguém em geral não é uma coisa boa.

Mas a gratidão vira tudo ao contrário.

Em vez de se concentrar no que não temos, nos concentramos no que *temos*. Em vez de nos punirmos pelo que ainda não realizamos, comemoramos os pequenos marcos do caminho. Em vez de só olhar em frente para o que ainda está no horizonte, também olhamos para trás para reconhecer até onde avançamos.

Nem sempre podemos controlar o que nos acontece nem como os outros nos tratam. Mas temos controle sobre como decidimos reagir. E praticar uma atitude contínua de gratidão é a melhor maneira de evitar a mentalidade de vítima e parar de sentir que todo mundo tem uma vida melhor do que a nossa.

Como a coragem, que é um músculo que fica mais forte toda vez que é exercitado, a gratidão é igual: quanto mais você pratica, mais fácil e natural se torna, até fazer parte de você.

E qual a melhor parte de praticar a gratidão? Ela leva à felicidade instantânea. Porque é praticamente impossível sentir descontentamento quando você se concentra nas coisas pelas quais é grata.

Criar uma vida que você *ama* começa apreciando a vida que você *tem*. Portanto, pare de se comparar. Crie a vida que ama, não a vida que os outros querem.

capítulo vinte

corte as desculpas

pare de criar atalhos e continue a avançar

Atribuo o meu sucesso ao seguinte: nunca dei nem aceitei desculpas.	*Florence Nightingale,* The Life of Florence Nightingale [A vida de Florence Nightingale]

Com base no nível de animação e positividade dessa mulher, você nunca saberia, mas minha amiga Susie nasceu com tudo contra ela.

Cresceu na pobreza, na versão do bolsa família do Reino Unido, com uma mãe que sofria de doença mental e um pai alcoólatra que sumia regularmente, às vezes por meses ou anos. Assim, a vida dela era completamente imprevisível.

A família vivia se mudando. Nas épocas boas, conseguiam encontrar onde morar nos projetos habitacionais subsidiados pelo governo; nas épocas ruins, ficavam em abrigos para os sem-teto. Quando criança, Susie tinha vergonha de muitas coisas da família, e se lembra de que tentava esconder das professoras e dos colegas os detalhes da sua situação.

No entanto, quando adolescente, ela encontrou um livro chamado *A mágica de pensar grande*. Nele havia um capítulo chamado "Sem desculpas", que explicava que a "desculpite" era a doença do fracasso e que, se quisesse ter sucesso na vida, ela teria de se curar para sempre. A partir desse momento, ela jurou levar a vida sem nenhuma desculpa e se recusar a deixar que as circunstâncias a definissem.

E foi o que fez.

Apesar de não ter educação formal, ela foi primeiro para a Austrália e depois para os Estados Unidos, onde construiu uma carreira muitíssimo bem-sucedida em vendas corporativas, trabalhou para uma das quinhentas maiores empresas listadas pela revista *Fortune* e ganhou salários anuais de seis algarismos. Enquanto a maioria se contentaria com isso, Susie sabia que queria algo mais, e acabou pedindo demissão para abrir a própria empresa de motivação e coaching de vida.

Hoje, autora do sucesso *What If It Does Work Out? How a Side Hustle Can Change Your Life* [E se der certo? Como uma atividade secundária pode mudar a sua vida], Susie Moore inspira milhares de pessoas a terem a melhor vida possível, como ela tem a dela.[13]

Tudo porque se recusou a arranjar desculpas.

Embora a infância dela tenha acontecido nos Apalaches, a um mundo de distância do Reino Unido, a história da minha outra amiga, Edie, seguiu um rumo parecido com o de Susie — uma história que ela conta com detalhes emocionantes nas incríveis memórias *All the Pretty Things* [Todas as coisas bonitas].[14] Pai alcoólatra. Pobreza extrema. Fome frequente. Nenhuma estabilidade.

Sem nenhum modelo a seguir e com uma família de alcoólatras, lunáticos e criminosos em volta, Edie poderia facilmente ter caído no mesmo padrão. Afinal, era só o que ela conhecia. Mas, como Susie, Edie Wadsworth decidiu cedo que não arranjaria desculpas.

O momento decisivo aconteceu quando tinha oito ou nove anos e ela quis entrar no grupo de animadoras de torcida. Na época, a mãe não tinha dinheiro para as aulas de ginástica, mas Edie aprendeu no recreio com as outras meninas que faziam aulas e treinou tanto que se tornou melhor do que todas as demais.. Quando vieram as provas, Edie sabia que entraria no time porque dava cambalhotas melhor do que todo mundo.

Então, como ela explicou, "acabei não entrando no time, e o motivo... Não sei se eu tinha total consciência disso na época, mas eu era aquela criança... Você provavelmente conhece uma criança assim. Não usa as roupas certas. Parece que nunca cuidaram dela do jeito certo. Você olha e diz: 'ah, ela tem um bom coração'. 'Ah, se eu pudesse levá-la para casa.' Pois é, eu era essa criança. Não tinha os sapatos certos. Não tinha a roupa certa. Não vinha da família certa."[15]

Alguns outros pais que assistiram às provas ficaram revoltados porque Edie não entrou no time e convenceram a técnica a mudar de ideia. No entanto, no dia seguinte, quando a técnica foi procurá-la para oferecer a vaga, a mãe de Edie recusou, dizendo-lhe que a técnica não merecia ter Edie no time se não conseguira perceber talento dela desde o princípio.

Como Edie explica, "Eu me lembro de meu coraçãozinho de criança dizendo a mim mesma: 'Nunca mais serão capazes de me dizer não. Serei muito boa. Vou me esforçar mais do que todo mundo. Nunca mais serão capazes de me dizer não'".[16]

A partir daí, Edie *realmente* se esforçou mais do que todo mundo. Formou-se com distinção, foi para a faculdade de Medicina e se tornou médica de família. Então, como Susie, acabou largando a profissão estabelecida para começar algo só seu: primeiro educar em casa as duas filhas mais novas e depois, finalmente, abrir a própria empresa de muitíssimo sucesso.

Tanto Susie quanto Edie poderiam facilmente ter deixado as desvantagens definirem a vida delas. E ninguém as condenaria; ambas receberiam um salvo-conduto da sociedade. Afinal, como esperar que alguém superasse pobreza e disfunção tão extremas? Não foi culpa delas. Só foram vítimas das circunstâncias.

Mas tanto Susie Moore quanto Edie Wadsworth se recusaram a se ver como vítimas, se recusaram a arranjar desculpas. A determinação e o ímpeto de se erguer acima das circunstâncias começaram com a decisão consciente de parar de arranjar desculpas.

Porque, na verdade, esse é o único jeito.

SAIBA QUE A ÚNICA COISA QUE VOCÊ CONTROLA É VOCÊ

As minhas filhas frequentam uma escola que exige o uso de uniforme — política pela qual sou profundamente grata. Veja, tivemos um ano numa escola sem uniforme, e as batalhas diárias sobre o que vestir bastaram para me transformar numa defensora eterna dessa regra!

No entanto, mesmo com uma política relativamente restritiva de uniformes, a minha filha Maggie ainda é incrivelmente exigente com o que veste. Ela reserva determinadas cores para determinados dias e se orgulha muito de escolher o laço do cabelo, as meias e o sapato que complementam o look. Mesmo no início do ano escolar eu tendo encomendado algumas opções diferentes de saia e saia-calça para ela variar, só há uma saia de que ela realmente gosta.

Assim, ela a usa todos os dias.

Em geral isso não é um grande problema, porque, ao contrário de Annie, que costuma ser um desastre ambulante, Maggie não é uma criança levada e as roupas dela se mantêm bastante limpas.

Porém, certa manhã, o meu marido Chuck — o nosso fabuloso chef residente no café da manhã — surpreendeu a todas com panquecas de mirtilo, uma delícia rara, ainda mais num dia de semana! Ficamos todas muito empolgadas, até que Maggie cortou a última panqueca e pegou um mirtilo mais suculento, que praticamente explodiu do prato e caiu na saia favorita dela.

Desastre.

Quase instantaneamente, a manhã agradabilíssima da família Soukup evoluiu para uma cacofonia de choro (Maggie), gritos (Chuck, que além de chef também é o diretor de remoção de manchas), canto (Annie, que estava completamente despreocupada e indiferente ao caos que se desenrolava em torno dela) e risos (eu, com o ridículo da situação).

Em minutos ficou claro que a saia não poderia ser usada naquele dia, e foi aí que a minha filha doce e perfeitamente agradável sumiu e o *verdadeiro* drama começou. Houve choro, bater de pés, cara feia e muitos bufos até que, por fim, não aguentei mais.

Com a minha melhor voz de não-se-meta-comigo, disse que ela precisava se controlar, que era só uma saia e não o fim do mundo, considerando que ela tinha duas outras saias em perfeito estado e praticamente novas para usar.

Então, para suavizar um pouquinho, eu disse: "Querida, sempre haverá coisas na vida que acontecerão fora do seu controle. Sinto muito que a saia esteja arruinada, mas você ainda pode escolher se vai deixar que isso a afete. Se deixar isso arruinar o seu dia, estará deixando o mirtilo vencer. É isso mesmo que você quer? Ser derrotada por um mirtilo?".

Foi uma bobagem, mas pelo menos provocou um minúsculo sorriso antes que o bico voltasse.

A verdade é que há muita coisa na vida que vai além do nosso controle. Não temos a capacidade de prever o futuro, o tempo ou os importantes eventos e catástrofes mundiais que ocorrerão. Não escolhemos a nossa família de origem, a cor da pele, a posição social e econômica. Não escolhemos o nosso QI. A qualquer momento podemos sofrer traumas, tragédias, doenças e reveses inesperados — ou, sim, até um mirtilo revoltado que não sabíamos que surgiria.

Realmente, a única coisa certa na vida é ser completa e absolutamente imprevisível.

A questão não é *se* uma dessas coisas vai acontecer, mas *quando*. Porque vai acontecer. E por isso é tão absurdamente importante entender, no fundo de seu ser, que a única coisa que você jamais será capaz de controlar é *você*.

Você não pode controlar o que lhe acontece nem como os outros a tratam, mas *pode* controlar como escolhe reagir. Como vimos no Capítulo 10, o seu controle está na responsabilidade que escolhe assumir, sejam quais forem as circunstâncias.

Mas não se engane; assumir a responsabilidade total pela sua vida pode ser muito assustador. Significa que não resta onde se esconder e que você está lá, em pé, em campo aberto — vulnerável, exposta e em carne viva.

E isso exige a verdadeira coragem.

PROCURE UM MODELO, NÃO UM SALVADOR

Jennifer Marx (que mencionei brevemente no Capítulo 16) administrou durante vinte anos uma empresa de guias de viagem até decidir que estava na hora buscar de algo novo. Ela não era avessa ao trabalho duro, mas estava cada vez mais desapontada com um setor que se tornava rapidamente obsoleto.

Então, buscou orientação — alguém que já tivesse passado por isso e pudesse lhe mostrar o caminho. Foi exatamente o que encontrou na Elite Blog Academy. Na primavera de 2017, ela mergulhou de cabeça no curso, pôs os antolhos e terminou todas as tarefas no prazo. Menos de um ano depois, a receita do novo site e empreendimento *JenniferMaker.com* excedeu em muito a dos guias de viagem.

Quando perguntei a ela ao que atribuía o sucesso na EBA, Jennifer explicou que, embora estivesse nos negócios havia muitos anos, nunca tivera um modelo a seguir, alguém que tivesse passado pela mesma coisa e que lhe mostrasse o que era possível. E, quando finalmente viu que era possível, ela percebeu que também conseguiria.

Quando enfrentamos o desconhecido, tentamos fazer o que nunca fizemos ou nos sentimos inseguras, é natural que procuremos um modelo ou alguém que nos guie pelo caminho. Porque, sejamos francas, em qualquer realização na vida, é bom ter alguém que já esteve lá, que entende, que sabe muito bem pelo que estamos passando. É útil ter alguém disposto a oferecer sabedoria e conselhos e, talvez, até mostrar exatamente o que fazer.

E isso é verdade, não importa pelo que você esteja passando. Nada é mais tranquilizador para uma mãe de primeira viagem do que outra mãe que lhe dê conselhos em primeira mão sobre tudo, da amamentação ao nascimento dos dentes e a dormir a noite toda. Nada é mais útil para um empreendedor do que conversar com outros donos de empresa mais experientes ou escutá-los.

Aliás, em muitas profissões a importância da mentoria e da orientação está embutida. Os atletas profissionais têm técnicos. Os médicos começam fazendo estágio e depois residência sob a orientação de médicos mais experientes. Os advogados começam estagiando e depois vão subindo.

Ninguém quer sentir que tem de fazer tudo sozinho, vagando por um território desconhecido sem apoio. É confortador seguir os passos de alguém e tranquilizador saber que o que você está tentando fazer *é mesmo* possível, porque alguém já fez.

Em geral, os modelos, professores, mentores e técnicos são uma coisa boa, ainda mais quando se trata de ir com medo. Assim, se estiver se preparando para sair da zona de conforto e experimentar algo novo, encontrar alguém que a guie pelo caminho pode ser uma ideia muito inteligente. Essa pessoa pode ajudá-la a evitar armadilhas e lhe dizer se está no caminho certo. Talvez seja preciso fazer um curso ou contratar um coach, ou simplesmente conversar com quem já fez o que você quer fazer.

Mas há um problema.

Veja bem, o modelo a seguir é alguém que *você* procura para obter orientação, não o contrário. E é muito diferente de simplesmente esperar que alguém descubra tudo para você e lhe mostre o caminho. Procurar um modelo não é a mesma coisa que esperar ser salva.

E é fundamental entender a diferença.

Quando busca ativamente a orientação de um modelo, você assume a responsabilidade e a propriedade da sua jornada. É proativa, não reativa, e entende que o papel do seu modelo não é fazer tudo por você, mas lhe mostrar o que pode ser feito e oferecer orientação pelo caminho.

Quando simplesmente espera um salvador ou fica sentada desejando e torcendo para alguém lhe facilitar as coisas, você se permite ser a vítima. Pior, está entregando todo o seu poder a alguém que pode ou não aparecer.

Quando Jennifer Marx se matriculou na Elite Blog Academy, o máximo que obteve foi um caminho claro até o resultado que queria. Mas era ela quem ainda teria de assumir a propriedade daquele caminho, e era *ela* quem teria de fazer o serviço.

Garanto que você *não* precisa ser salva, mas pode precisar de um modelo a seguir. Felizmente, há modelos, professores, técnicos e mentores onde quer que você olhe; basta começar a procurar. Eles a ajudarão a eliminar as desculpas e a incentivarão a continuar nas fases difíceis.

COMO ENCONTRAR UM MENTOR

Nos últimos anos, tive vários mentores diferentes, formais e informais, que me ajudaram nos negócios e na vida, e também gosto de ser mentora dos outros.

O que aprendi é que há algo poderosíssimo em obter o ponto de vista de alguém com mais experiência do que você, seja na vida, seja nos negócios. Isso nos força de um jeito que nunca faríamos sozinhas, o que, no fim das contas, quase sempre é bom.

Por que um mentor?

Os mentores apoiarão o seu crescimento e poderão ensinar coisas que você nunca aprenderia se só interagisse com os seus pares. Talvez você ache que obtém ótimos pontos de vista das pessoas do seu círculo atual, mas, se nunca sai dele, garanto que está perdendo alguma coisa.

Agora, o bom é que o mentor não precisa ser alguém com quem você toma um café uma vez por semana. Pode ser alguém que a inspira por meio de livros, podcasts ou blogs.

O que procurar num mentor?

Infelizmente, há muitos por aí que afirmam ser mentores, especialistas e coaches de vida ou de negócios, mas que não têm como dar conselhos. Às vezes é porque não têm nenhuma experiência real; outras vezes porque são bons em se promover, mas não sabem ensinar e orientar os outros a fazer o mesmo.

Se pretende procurar um mentor, recomendo que preste muita atenção, em primeiro lugar, ao tipo de sucesso que a pessoa criou na própria vida ou negócio. Essa pessoa está obtendo o tipo de resultado que você gostaria de obter? É solvente em termos financeiros? A vida pessoal dela é forte? Tudo bem fazer essas perguntas e pedir transparência, principalmente se você estiver contratando alguém para ser mentor.

E eis mais um alerta importante: não aceite conselhos de negócios de quem não tem experiência real nisso. Isso serve para alguém que vai cobrar para ser mentor, é óbvio, mas também para qualquer um que distribua conselhos gratuitos. Tome cuidado com quem escuta e sinta-se à vontade para ignorar *qualquer um* — por mais confiante e cheio de autoridade que pareça — que não obtenha resultados reais.

A segunda coisa a procurar no mentor é que seja alguém com quem você realmente possa aprender, alguém cujos conselhos e estilo de ensinar reverberem dentro de você. Cada cérebro funciona de maneira um pouco diferente, ou seja, o modo de algumas pessoas falarem ou ensinarem realmente se conectará com você, mas o de outras, não. E tudo bem.

Por fim, procure recomendações. Peça indicações de outras pessoas da sua área e não tenha medo de perguntar a um possível mentor se tem alguma referência com quem você possa conversar.

Está pronta para receber mentoria?

Embora seja perfeitamente correto começar com mentores "virtuais" que ensinam de longe, chegará um momento em que você vai pensar em pagar um coach ou mentor. Na realidade, quando paga por alguma coisa você tende a valorizá-la muito mais, ou seja, leva os conselhos muito mais a sério, tem maior probabilidade de implementar as sugestões e, enfim, obter melhor resultado. Os conselhos gratuitos simplesmente não têm o mesmo peso.

> Se você acha que um mentor mais pessoal é uma parte essencial do seu crescimento, corra atrás! Experimente um programa formal de coaching ou um grupo de mentoria. É um jeito ótimo de obter a atenção individualizada de que precisa e crescer exponencialmente no processo.
>
> Quer você encontre um mentor virtual para ensiná-la de longe ou um mentor mais personalizado para atendê-la de forma individual, trabalhar com um mentor pode levá-la a um nível com que você nunca sonhou. E você merece esse tipo de apoio.

UMA BOA DESCULPA AINDA É UMA DESCULPA

Todos conhecemos pessoas assim — aquelas que sempre têm algum tipo de desculpa ou justificativa, alguma razão para a culpa não ser delas, alguma explicação que as tire da reta. Algum jeito mágico de afastar de si a culpa.

Talvez você seja essa pessoa.

Afinal, as desculpas nunca faltam. O meu marido costuma brincar que as mulheres conseguem justificar e racionalizar quase tudo, mas, sendo bem sincera, acho que não são só as mulheres. Acho que todo mundo consegue. Não é muito difícil encontrar razões igualmente boas por que sim ou por que não.

Se estiver procurando desculpas, você sempre as encontrará. Mas, lembre-se, até uma boa desculpa ainda é só uma desculpa. A única maneira de escapar da doença da desculpite é se recusar a usar essa opção em quaisquer circunstâncias.

Em qualquer momento da vida, Susie e Edie poderiam ter escolhido qualquer desculpa perfeitamente legítima e sensata. Ter crescido na pobreza. Uma família disfuncional. Vício. Abuso. Falta de oportunidades. Nenhuma orientação pelo caminho.

E ninguém condenaria nenhuma das duas por não se erguer acima daquilo tudo, por não conseguir nada na vida. Como poderiam? Eram claramente vítimas de um sistema injusto. Como esperar que superassem todas aquelas desvantagens?

Mas as duas superaram.

O que significa que você pode superar também.

Mas comece se recusando a arranjar desculpas, aconteça o que acontecer.

Daqui em diante, elimine as desculpas do seu vocabulário. Pare de procurar justificativas — porque você sempre vai encontrá-las — e se concentre na única coisa que pode controlar, ou seja, *você mesma*. Pare de procurar um salvador e busque ativamente um modelo a seguir.

Pare de criar atalhos e continue a avançar.

capítulo vinte e um

mantenha-se incentivada

reserve um tempo para comemorar as vitórias pelo caminho

> No meio de toda dificuldade está a oportunidade. | *Albert Einstein*

Não nos enganemos aqui. Ir com medo não é para os fracos de coração. O processo de enfrentar os medos e correr atrás de grandes sonhos e grandes metas nem sempre é fácil. Na verdade, raramente é.

Afinal, se fosse fácil, todo mundo estaria fazendo. Se fosse fácil, não seria especial, significativo nem digno de nota. Se fosse fácil, não valeria a pena lutar por isso.

Embora na teoria, em certo nível, a maioria provavelmente entenda que ir com medo é difícil, no nível prático nem sempre é fácil lembrar. Quando a situação se complica ou surgem obstáculos e decepções, todo o otimismo e a empolgação que sentimos no começo são logo substituídos por desânimo, frustração e medo.

Não queremos que seja difícil. Não queremos que doa. Não queremos sujar as mãos, brigar pelo que desejamos nem sentir a dor da derrota e a humilhação do fracasso. Não queremos enfrentar adversidades nem correr o risco de sermos julgadas pelos outros. Não queremos ter de assumir a responsabilidade ou descobrir que talvez não sejamos boas o suficiente para conseguir o que queremos.

Quando a situação se complica, pode ser difícil se manter incentivada. Mas é exatamente nessa hora que você mais precisa de incentivo. E, embora possa ficar sentada esperando e torcendo para que esse incentivo venha de alguém ou de algum lugar, é bem provável que você passe muito tempo esperando.

Lembre-se: no fim das contas, a única coisa que você pode controlar é você mesma — não o que lhe acontece, mas *como você escolhe reagir*. E isso significa que uma das melhores coisas que pode fazer por si é aprender a instalar salvaguardas que a ajudem a evitar e superar o desânimo e encontrar mais alegria pelo caminho.

CUIDADO COM O ESPAÇO INTERMEDIÁRIO

Nos últimos dois anos, eu tive a honra de orientar um pequeno grupo de empreendedoras numa mentoria particular de negócios. Foi muito intenso, e, no decorrer do ano que passamos juntas, gostei de observar o crescimento pessoal e empresarial delas. Embora tecnicamente seja eu a professora, sinto que sempre aprendo muito mais do que ensino.

Embora eu tenha um processo de inscrição bastante rigoroso para a participação na mentoria, não escolho as integrantes com base no tamanho, escopo ou foco do seu negócio. Em vez disso, estou sempre procurando as pessoas com maior potencial — aquelas cuja mentalidade e atitude indicam que se dispõem a fazer o serviço, mesmo que recomecem do princípio. E, como todas no grupo têm mentalidade de crescimento parecida, na maior parte das vezes parece que não importa o fato de que suas empresas sejam muito diferentes.

Mas isso não significa que nunca aconteçam comparações.

Não faz muito tempo, numa das nossas reuniões mensais, Nicole, uma das integrantes, contou ao grupo que estava se sentindo muito desanimada. Ela tinha trabalhado muito, fizera tudo o que identificamos como prioridade na nossa última oficina, mas sentia que nada acontecia com rapidez suficiente. Ela ainda sentia que estava ficando para trás.

Agora, Nicole se inscrevera para participar da mentoria embora estivesse apenas começando; sua empresa-bebê tinha menos de um ano. Ela estava motivada para o sucesso e imaginava que não haveria maneira melhor de começar com o pé direito do que com um grupo forte de mulheres que já tinham estado lá e podiam lhe mostrar o caminho.

Em vários aspectos, ela estava certa. Com os conselhos que recebia no grupo, seria capaz de encurtar significativamente a curva do aprendizado e fazer a sua empresa crescer muito mais depressa.

No entanto, no começo eu avisei a ela que o sucesso não aconteceria da noite para o dia só porque estava no grupo. Na primeira sessão individual, expliquei a ela que o maior perigo não era não estar pronta para a mentoria, mas o fato de poder se enredar na armadilha de comparar onde estava agora — ainda construindo os alicerces — com o ponto onde estavam as outras integrantes do grupo.

"Nicole, você terá de lutar para ser dona da sua jornada. Haverá ocasiões em que vai parecer que todo mundo se concentra em coisas muito mais empolgantes do que onde você está agora. O seu benefício é ver o que é possível, e isso será excelente para você. Mas, se não construir alicerces, nunca será capaz de chegar lá."

Ela me jurou que tinha entendido. E eu sei que entendeu. No entanto, quando todas as coisas do dia a dia acontecem, quando a situação começa a parecer complicada, é típico da natureza humana esquecer esse tipo de aviso. Na verdade, é exatamente por isso que é tão útil ter um coach ou mentor para lhe recordar.

Assim, quando Nicole apareceu na teleconferência se sentindo desanimada e frustrada, recordei a ela, com gentileza, que esse era o estágio onde ela precisava estar. Então, fiz uma pergunta importante:

"Com que frequência você olha para trás para ver quanto avançou em vez de olhar para a frente para ver quanto ainda tem de avançar?"

Nicole pensou algum tempo antes de responder. "Nunca olho para trás", admitiu. "Só fico vendo todos os lugares para onde quero ir."

Quase deu para ver a lâmpada se acender, e, como ela diz, esse foi um momento que a fez mudar. Ela realmente sentiu a mudança do seu ponto de vista.

A partir daí, ela passou a fazer um "Diário do sucesso", uma planilha simples projetada para registrar todas as vitórias. E, a cada dia, documenta pelo menos um triunfo ou sucesso, por menor que seja. Esse ato único e prosaico, repetido todos os dias, mudou tudo para Nicole. Em vez de se sentir frustrada com a falta de progresso, ela é constantemente lembrada sobre o quanto avançou.

Quando se trata de criar uma vida que amamos, essas grandes metas que identificamos e com que nos comprometemos são *fundamentais*. Elas são os catalisadores que acendem o fogo interno, que fazem o peito se apertar e nos motivam a fazer mais e a sermos mais do que jamais achamos que conseguiríamos. Elas nos dão algo pelo que lutar e uma razão para pular da cama de manhã.

No entanto, por mais importantes que sejam, essas grandes metas também trazem um perigo.

Já notou, quando dirige num dia quente de verão, que às vezes parece que há uma parte molhada e brilhante no asfalto à frente? É a chamada miragem da estrada e, segundo a Wikipedia, acontece porque "a convecção faz a temperatura do ar variar, e a variação entre o ar quente, a superfície da estrada e o ar frio mais denso acima cria um gradiente no índice de refração do ar".[17]

O mais enfurecedor da miragem é que você nunca a alcança. Por mais que dirija, ela está sempre à frente, distante.

Infelizmente, às vezes as nossas grandes metas começam a parecer uma miragem da estrada — sempre além do alcance. Em vez de nos motivar, elas se tornam uma fonte de frustração e desânimo, porque parecem muito longe. E, quando chega a bagunça do meio e a situação começa a ficar complicada, dolorida e intensa, é natural se sentir desanimada ou convencida de que nunca chegará lá.

É fácil demais cair no "espaço intermediário", aquele lugar ali no meio entre onde você está e aonde quer chegar. É nesse lugar que você tem todas essas grandes metas e há sempre mais a fazer para alcançá-las, mas você nunca consegue.

Se passarmos todo o tempo nesse espaço intermediário, nunca sentiremos que estamos chegando a algum lugar nem realizando nada, mesmo que estejamos. Por isso é tão importante reservar um tempo todos os dias para olhar para trás em vez de só olhar para a frente e comemorar as vitórias e as realizações em vez de se concentrar continuamente em todas as coisas que você ainda não fez.

Ter metas claras é maravilhoso, e ser uma pessoa orientada para metas pode ser um ponto fortíssimo, mas negligenciar o foco no que você já realizou e no que continua a realizar — mesmo que ainda não tenha chegado lá — pode facilmente desanimar.

No fim, você precisa encontrar alegria na jornada, não só no destino. E a única maneira de fazer isso é ficar fora do espaço intermediário. Sim, ouse olhar para a frente e ver o que é possível. Mas também se lembre de olhar para trás e avaliar até onde já chegou.

MUDE O ROTEIRO

Não faz muito tempo, eu conversava com o meu amigo Kyle sobre escrever, e ele disse: "Gostaria muito de me concentrar no meu blog, mas tenho uma forte insegurança quando se trata de escrever. A professora da quinta série disse que eu não escrevia bem, e sempre que me sento para escrever é a voz dela que ouço dentro da cabeça. Acho que é isso que sempre me puxa para trás".

Na mesma hora eu percebi. Você também?

Era uma crença limitante — uma crença que o impedia de realizar todo o seu potencial.

É claro que Kyle não é o único a ter crenças limitantes sobre o que é capaz. Ele não é o único com essa vozinha na cabeça lhe dizendo que não consegue fazer uma coisa.

Todos temos essa voz.

Ela pode nos dizer que não merecemos pedir aquele aumento e que não somos tão talentosos ou inteligentes ou bem-falantes quanto um colega. Pode sussurrar coisas como "você não é boa mãe", "você é uma péssima dona de casa", "você nunca se organiza" ou "você é péssima em matemática". Pode nos contar que na verdade nunca vamos nos livrar das dívidas ou que não temos inteligência suficiente para o sucesso. Pode dizer que estamos ocupadas demais para buscar grandes sonhos e metas ou que não temos tempo para ler, aprender ou fazer algo por nós mesmas.

Essa voz pode estar nos avisando para não tentar coisas novas nem correr riscos porque podemos errar. Ou o aviso pode ser que não queremos fazer contato e pedir ajuda porque podemos ser rejeitadas. Pode estar nos dizendo para não pôr 100% de energia e esforço na busca dos nossos sonhos, porque não sabemos o que os outros vão dizer. "E se não entenderem", sussurra a voz, "ou se rirem de mim?"

Seja o que for que a voz diga, sejam quais forem as suas crenças limitantes, garanto que elas existem. E, embora nem sempre consigamos impedir que essas crenças limitantes apareçam ou que aquela voz cochiche no nosso ouvido, *podemos* nos recusar a prestar atenção nelas!

A razão das nossas crenças limitantes terem tanto poder sobre nós é que não percebemos que o que ouvimos dentro da cabeça não se baseia necessariamente na verdade, mas no medo.

Nós apenas supomos que a mensagem que ouvimos — a voz, o pensamento, a crença limitante — é a realidade, quando a verdade é que não passam disso: vozes, pensamentos ou crenças limitantes. Só porque a voz na nossa cabeça nos diz que algo é verdade não significa que *seja* verdade. De fato, com frequência — quase sempre, ouso dizer — não é verdade *de jeito nenhum*.

São só pensamentos.

Porém, quando damos nome ao medo que está por trás da crença limitante ou da voz na cabeça, quando reconhecemos a crença limitante como o que realmente é — só um pensamento que nos puxa para trás —, conseguimos tirar o poder que ela tem sobre nós e avançar. É aí que podemos dizer: "essa voz na cabeça está me dizendo que não tenho inteligência suficiente para ter sucesso, mas a verdade é que tenho medo de errar. Até as pessoas inteligentes erram, e é assim que aprendem".

Isso se chama mudar o roteiro. Você sabe como é — a mensagem do diálogo interno que fica tocando na nossa cabeça sem parar. Aquela que fica lhe dizendo que você não é boa o bastante, bonita ou inteligente ou que nunca terá sucesso, nunca será organizada ou não sabe escrever ou nem deveria se dar ao trabalho de tentar.

É o roteiro que fica lhe dizendo que você não consegue.

Se quer parar de escutar essa mensagem, você precisa descobrir um jeito de substituí-la por outra.

Pense nisso. Se o diálogo interno atual na sua cabeça programa o seu cérebro para acreditar em coisas sobre você que não são verdadeiras, a melhor maneira de reprogramar o cérebro é começar a substituir as mensagens do diálogo interno negativo por algo novo. Algo que realmente *seja* verdade.

Temos de começar a mudar a mensagem para algo que não seja tão derrotista. Para Kyle, talvez seja substituir a gravação interna da cabeça que lhe diz que ele não sabe escrever. O que você acha que aconteceria se todo dia, talvez até várias vezes por dia, Kyle começasse a dizer a si mesmo algo como "quanto mais escrever, melhor escritor me tornarei. Leva tempo e prática para aprimorar um ofício, e eu posso continuar treinando indefinidamente. Só porque uma pessoa, há muito tempo, não gostou do que escrevi não significa que eu não tenha nada valioso a dizer. Houve muitas outras pessoas que gostaram e apreciaram a minha escrita, por isso vou continuar escrevendo e melhorando para causar impacto com as minhas palavras".

Pode levar algum tempo, mas o seu cérebro e o seu subconsciente começarão a aceitar essa nova mensagem como a nova verdade, e a crença limitante que lhe diz que ele não escreve bem começará a sumir.

Mas note também o que a nova mensagem *não* diz. Ela não diz "sou o melhor escritor que o mundo já viu. Sou um astro. Ninguém escreve tão bem quanto eu". Essa mensagem não reverberaria, porque Kyle não acreditaria que é verdadeira.

Em vez disso, a nova mensagem precisa pegar a mensagem que toca atualmente e reformulá-la de maneira diferente, mais positiva e muito específica. E precisa ser redigida com franqueza, para que você consiga refazer a sua verdade e realmente começar a acreditar na nova mensagem e internalizá-la.

Mude o roteiro e mudará o resultado; é garantido.

CONTINUE A SE PREENCHER

Como seres humanos, temos uma necessidade insaciável de incentivo. Parece que, não importa a frequência com que nos dizem que somos inteligentes, capazes, bonitas ou corajosas ou qualquer número de mensagens positivas, ainda precisamos ouvir várias e várias vezes. Assim que ouvimos, voltamos a esquecer. A vida fica louca, difícil ou estressante; a dúvida sobre si mesma e todos aqueles medos se infiltram. De repente a confiança começa a sumir de novo.

É por isso que é tão importante *continuar a se preencher*. Não há limite para o número de livros motivacionais e de autoajuda que você deveria ler, ou quantas vezes deveria ler os seus versículos bíblicos ou orações favoritos, o número de podcasts inspiradores que deveria escutar ou o número de eventos ou reuniões a que deveria ir, porque a energia e a empolgação, a motivação e a inspiração que são tão incríveis no momento acabam sumindo. Mesmo assim, quanto mais mensagens positivas e edificantes entrarem, mais provável fica que você se agarre a alguma coisa.

Você precisa continuar se preenchendo.

Torne um hábito ouvir podcasts enquanto dirige, se exercita ou lava a louça. Crie a meta de ler pelo menos um livro inspirador por mês, ou simplesmente ler várias vezes os seus favoritos. Fique de olho em eventos e reuniões na sua área que a incentivem e permita-se conhecer gente que pensa como você. Marque hora com os amigos e mentores que você sabe que a questionam e estimulam.

Trabalhe ativamente para se manter motivada e faça do incentivo e da inspiração uma prioridade, para que o progresso que conseguir não desapareça.

PRATIQUE O AUTOCUIDADO

Há alguns anos, fiz algo que nunca tinha feito — algo em que acho que nunca pensaria se o meu marido não tivesse sugerido e incentivado.

Fiz um retiro pessoal.

Durante quatro dias inteiros, não fiz nada além de ler livros, escrever no diário, fazer longas caminhadas, praticar ioga, tomar banhos demorados e me deitar ao lado da piscina. Desliguei-me por completo do trabalho e, literalmente, me retirei do mundo. E dormi. Muito.

Voltei à minha família e ao meu trabalho completamente recarregada, revitalizada e revigorada. Acho que nunca tinha percebido como estava perto do esgotamento até então, mas aqueles quatro dias sozinha foram extraordinários. Para mim, que costumo prosperar estando ocupada, foi um lembrete intenso de que às vezes o repouso é a coisa mais produtiva que podemos fazer.

Na verdade, nos anos passados desde então passei a ficar atenta e a marcar tempo ocioso intencional e retiros pessoais com pelo menos alguns meses de intervalo. Como extrovertida que passa muito tempo fazendo atividades extrovertidas, o tempo comigo mesma é a única forma segura de recarregar a minha bateria.

Ainda assim, alguns meses atrás, quando publiquei nas redes sociais uma foto de um desses retiros, fiquei chocada com o número de mulheres que reagiram com comentários como "parece ótimo, mas eu nunca conseguiria" ou "uau, queria tanto fazer um retiro, mas é impossível".

Deixe-me dizer uma coisa: não é impossível. Seu "retiro" não precisa ser férias complicadas num balneário cinco estrelas. Alguns dos meus melhores retiros foram em casa, quando o meu marido levou as meninas para acampar no fim de semana. O seu retiro também não tem de ser solitário! Para mim, o tempo sozinha é restaurador, mas, para uma extrovertida que se sente isolada, um fim de semana com as amigas pode ser o que anima sua alma.

A questão não é o que você faz para cuidar de si mesma, mas que você realmente *crie* tempo para si sem se sentir culpada por isso.

Porque a verdade é que reservar tempo para cuidar de *você* é melhor para todos. É óbvio que há o benefício imediato — você se diverte e faz o que quer fazer no momento. Você se sente feliz. Relaxa e sorri. Mas, em prazo mais longo, o estresse de negligenciar suas necessidades tem um efeito muito negativo sobre o corpo, a mente e a alma.

Quando nos sentimos forçadas demais, não conseguimos dedicar 100% a nada nem ninguém. Assim, nos dar de vez em quando um pouco de tempo só nosso é como uma válvula de escape para toda a pressão acumulada. Resulta em mais energia e menos exaustão, ajuda a melhorar o sistema imunológico nos ajuda a estar mais calmas, gentis e a ficar no controle das emoções.

Além disso, reservar tempo para cuidar do nosso bem-estar restaura a capacidade de cuidar dos outros da família — cônjuge, filhos, amigos, a família extensa. As pessoas mais próximas tendem a suportar o grosso do nosso estresse, ou seja, elas também se beneficiam muito do nosso autocuidado.

Embora talvez pareça na hora, ainda mais se você nunca fez, isso não é indulgente nem egoísta. Está lembrada do princípio da máscara de oxigênio no avião? Quando ajusta a sua máscara antes de ajudar os outros, esse ato de autocuidado na verdade é uma das coisas menos egoístas que você pode fazer.

COMEMORE CADA VITÓRIA

A coragem é uma decisão diária, que exige disposição para agir, mesmo diante do medo, e continuar dando passos rumo às suas metas, mesmo quando você nem tem certeza de para onde vai o caminho.

Porém, enquanto avança rumo às suas metas, é fácil esquecer aonde já chegou, por isso é tão importante garantir que você não olhe só para a frente, mas também para trás. Portanto, documente o sucesso. Faça um diário da gratidão ou um registro de sucessos e reserve tempo para comemorar as vitórias pelo caminho. Crie para o diálogo interno novos roteiros que a motivem com verdade e franqueza. Cuide-se. E se mantenha incentivada.

No fim, lembre-se de que este livro não pretende ser uma leitura passiva, mas sim esporear você para agir na própria vida. Se ainda não o fez, incentivo você firmemente a aproveitar nossos recursos e a Avaliação Vai com Medo, em inglês, em *doitscared.com*. Lá você encontrará ferramentas que podem ajudá--la a dar o próximo passo na jornada e a aplicar as lições aqui encontradas.

Porque você é mais forte do que pensa. Você *consegue*, e consegue ir com medo. E, quando continuar avançando aconteça o que acontecer, chegará um pouco mais perto de conquistar a vida que sempre quis.

a coragem em ação — um resumo

1. REIVINDIQUE O SEU ALVO
Se não mirar em nada, você acertará todas as vezes Tenha clareza quanto à sua grande meta e concentre o foco para se manter na direção certa.

2. ENCONTRE O SEU *PORQUÊ*
O seu *porquê* deve ser maior que o seu medo, portanto garanta que sabe exatamente por que essa meta específica é importante para você e crie um catalisador para se manter motivada.

3. CRIE O SEU PLANO DE AÇÃO
Decomponha as grandes metas em pedacinhos factíveis e tome a decisão diária de seguir o plano e realmente chegar um passo mais perto da meta.

4. FORME O SEU CLUBE DA VERDADE
Procure responsabilização na vida e se cerque de pessoas que lhe digam a verdade, a ajudem a superar os seus medos e, enfim, tornem você uma pessoa melhor.

5. PARE DE SE COMPARAR

Aceite a plena responsabilidade das escolhas que faz e das metas que quer seguir. Depois, ponha as viseiras e crie a vida que ama, não a vida que os outros querem.

6. ELIMINE AS DESCULPAS

Recuse-se a inventar desculpas para o que quer que seja na vida, porque até uma boa desculpa ainda é uma desculpa. Pare de se dar uma saída; em vez disso, escolha avançar.

7. MANTENHA-SE INCENTIVADA

Crie salvaguardas que a mantenham motivada. Reserve tempo para comemorar suas vitórias pelo caminho e lembre-se de praticar o autocuidado.

agradecimentos

Este livro não seria possível sem a ajuda e a orientação das pessoas a seguir. Obrigada pelo seu impacto na minha vida, no meu trabalho e neste livro.

Chuck, minha rocha, meu amor e meu melhor amigo. Obrigada por me apoiar e me animar, aconteça o que acontecer. Obrigada por me incentivar quando tive vontade de desistir, por me desafiar quando eu precisava de um empurrão, por me fazer rir e por sempre me lembrar de seguir os meus conselhos e de ir com medo.

Maggie e Annie, as minhas doçuras. Amo vocês muitíssimo e me orgulho demais das duas. Obrigada por sempre me darem assunto para escrever. Vocês me mantêm humilde e me lembram o que mais importa.

A minha família na RSO — Laura, Heather, Jayson, Natalie, Jessica, Kelly, Kristene, Emma, Melissa, Amanda, Maggie, LaTrisha, Ashley e Danny. Obrigada por tornarem uma alegria ir trabalhar todos os dias. Obrigada por se dedicarem tanto, por apoiarem as minhas ideias malucas, por me dizerem não quando necessário e por me forçarem a me sentar e ESCREVER (mesmo quando eu não queria!). Amo o conflito construtivo, os L10s e os aconchegos diários, e amo o modo como sempre me forçam a ser melhor. Sério, tenho muita sorte de trabalhar com cada uma e com todas vocês diariamente.

Amigos que adoro, antigos e novos, que me oferecem a responsabilização, o incentivo e o *tough love* tão necessários: Alysha, Edie, Bonnie, Heather, Laura, Natalie, Kate, Susie, Gry, Laura, Janna, Shelly, Bill e Wendy, Lisa, Melissa, Rachel; sou muito grata a cada um e a todos vocês!

Grant e toda a equipe da Launch Thought Productions, por nos ajudar a peneirar toda a pesquisa e depois a conceituar e construir a Avaliação do Medo. Essa ferramenta incrível não existiria sem a sua equipe!

Lori, pela paciência e insistência. Sou muito grata por ter trabalhado de novo com você em outro livro!

Charles e Meg, por sempre manterem as nossas contas em ordem, Bond, por sempre nos ajudar a atingir nossas metas, e a Full Cycle Marketing, por ser uma parte tão importante desta jornada Vai com Medo.

Todas as pessoas que ajudaram a trazer este livro à vida e a colocá-lo no mundo — toda a equipe da Zondervan, principalmente Carolyn, Alicia e Dirk; Andrew Wolgemuth, meu agente literário, e Ashley Bernardi, a melhor divulgadora que existe!

Por fim, mas importantíssimos, todos os leitores do blog, ouvintes do podcast, clientes das agendas e alunas da EBA que fazem da nossa comunidade incrível o que ela é. Sua paixão, coragem e compaixão me inspiram a cada dia! Amo observar vocês indo com medo e incentivarem os outros a fazer também. Juntas nós podemos mudar o mundo!

notas

1. Ver Stanley Milgram, *Obedience to Authority: An Experimental View* (Nova York, Harper & Row, 1974).
2. Charles Duhigg, *Mais rápido e melhor: Os segredos da produtividade na vida e nos negócios* (Rio de Janeiro, Objetiva, 2016).
3. Jocko Willink e Leif Babin, *Responsabilidade extrema: Como os Navy Seals lideram e vencem* (Rio de Janeiro, Alta Books, 2021).
4. Ver Helen Weathers, "Griffiths Lottery Win", *Daily Mail*, 22 de março de 2013, <https://www.dailymail.co.uk/news/article-2297798/Griffiths-lottery-win-How--winning-1-8m-wreck-life.html>.
5. Ver Teresa Dixon Murray, "Why Do 70 Percent of Lottery Winners End Up Bankrupt?", *Plain Dealer*, 14 de janeiro de 2016, <https://www.cleveland.com/business/2016/01/why_do_70_percent_of_lottery_w.html>.
6. Ver Jimmy Evans e Allan Kelsey, *Strengths Based Marriage: Build a Stronger Relationship by Understanding Each Other's Gifts* (Nashville, Nelson, 2016).
7. Patrick Lencioni, *Os cinco desafios das equipes: Uma história de liderança* (Rio de Janeiro, Sextante, 2015).
8. Ver Brigid Schulte, "Making Time for Kids? Study Says Quality Trumps Quantity", *Washington Post*, 28 de março de 2015, <www.washingtonpost.com/local/making-time-for-kids-study-says-quality-trumps-quantity/2015/03/28/10813192-d378-11e4-8fce-3941fc548f1c-story.html>.
9. Angela Duckworth, *Garra: O poder da paixão e da perseverança* (Rio de Janeiro, Intrínseca, 2016).
10. Carol Dweck, *Mindset: A nova psicologia do sucesso* (Rio de Janeiro, Objetiva, 2017).
11. Brian Tracy, *Comece pelo mais difícil: 21 ótimas maneiras de superar a preguiça e se tornar altamente eficiente e produtivo* (Rio de Janeiro, Sextante, 2017).
12. Citado em Leo Widrich, "How the People around You Affect Personal Success", Lifehacker, 16 de julho de 2012, <https://lifehacker.com/how-the-people-around--you-affect-personal-success-5926309>.

13. Susie Moore, *What If It Does Work Out? How a Side Hustle Can Change Your Life* (Mineola, Nova York, Ixia, 2016).
14. Edie Wadsworth, *All the Pretty Things: The Story of a Southern Girl Who Went through Fire to Find Her Way Home* (Carol Stream, Illinois, Tyndale, 2016).
15. "Perseverance, Determination, and Living Your Best Life: An Interview with Edie Wadsworth", transcrição do episódio 10, podcast *Do It Scared with Ruth Soukup*, <https://doitscared.com/episode10>.
16. Idem.
17. "Mirage", Wikipedia, <https://en.wikipedia.org/wiki/Mirage>.

Este livro foi impresso pela Cruzado, em 2022, para a HarperCollins Brasil. O papel do miolo é pólen soft 80g/m² e o da capa é cartão 250g/m².